Fokking druk

Thijs Launspach

Fokking druk

Het ultieme anti-stressboek

Spectrum

Omslagontwerp: Moker Ontwerp
Auteursfoto: © Frank Ruiter
Zetwerk: Elgraphic

ISBN 978 90 00 36369 8
ISBN 978 90 00 36370 4 (e-book)
NUR 770

Eerste druk, 2018
Veertiende druk, 2021

www.spectrumboeken.nl
Spectrum Lifestyle Boeken
spectrumboeken

Spectrum maakt deel uit van Uitgeverij Unieboek | Het Spectrum bv,
Postbus 23202
1100 DS Amsterdam

Voor Linde

INHOUDSOPGAVE

Inleiding 11
10 *manieren om van je stress af te komen*
– een snelle gids 17

1 • **De werkverslaving** 23
#LoveMyJob 25
Continue verandering 29
Hart voor de zaak 31
Altijd aan 35
Het leed dat e-mail heet 39
Workaholics 43

2 • **Altijd haast** 45
FOMO 46
Overklokken 50
Keuzestress 54
De dictator in je broekzak 58
Regeldingetjes 64
Symptoombestrijding 67

3 • **Druk zijn is een keuze** 69
Moeten of willen 70
Druk zijn versus druk voelen 74
Uitstelgedrag 77
Perfectionisme 81
Niet mijn wijk, vriend! 87

Grenzen stellen 93
Kiezen voor jezelf 97

4 • **Je baas is een beer** 99
Hormonen en zenuwstelsels 100
Vechten of vluchten 102
Een holbewoner op kantoor 104
Stressoren 106
Basisspanning 109
Haal adem 112

5 • **Burn-out** 115
Wat is een burn-out? 117
Waaraan merk je een burn-out? 121
De schaamte voorbij 124
Herstellen van een burn-out 126
Hé lijf, hoe is het? 128
Na de burn-out 130

Intermezzo: relax! 132

6 • **ALARM!** 134
Noodzakelijk onderhoud 136
Je alarmsignalen (her)kennen 139
Ingrijpen 142
Noodplan 145
Uit de overlevingsstand 147

7 • **Rust in je hoofd** 149
Geef jezelf tijd 151
Een leeg hoofd 153
Doelen 156
Prioriteiten 158
Plannen voor gevorderden 162

Mailen als een baas 167
De macht der gewoonte 170
Een effectiviteitsmachine 174

8 • **Werken met aandacht** 176
Mindfulness 179
Deep work 185
Pomodoro-methode 189
Stoorzender wordt hulpbron 191
Je aandacht is van jou 193

2030 BURN-OUTVRIJ • een manifest 195
Als je je zorgen maakt over iemand anders 197
Op het werk 199
Drastische maatregelen 204
Twee scenario's 207

The dark arts of stress relief 211

Dankwoord 215

Bronnen 217

INLEIDING

Is het mogelijk om in het moderne, hectische bestaan genoeg te ontspannen? Kun je de stress in je leven verminderen, zonder dat daardoor je leven saai wordt? Hoe kun je voorkomen dat je in een burn-out terechtkomt, maar tegelijkertijd productief blijven?

Mensen zijn net vissen. Vissen zijn perfect aangepast op hun leefomgeving. Ze werken iedere dag heel hard om hun behoeftes veilig te stellen. Ze zijn zich van veel dingen bewust: van de aanwezigheid van eten in hun omgeving, of er een potentiële partner in de buurt is en of er een roofdier aankomt die hen als ontbijt zou lusten. Vissen zijn zich van een nogal voor de hand liggend feit echter níét bewust: dat ze in het water zwemmen. Dat is dermate normaal voor vissen dat ze het geen moment opmerken. Dat ze normaliter in het water leven, merken ze pas als ze eruit worden gehaald.

Wij mensen werken net zo. Sommige dingen zijn voor ons zo normaal dat we ze niet eens meer doorhebben. Bijvoorbeeld het idee dat een goed leven een drúk leven is, en dat je altijd hard moet werken. Dat ons leven (zowel ons werk als ons privéleven) inmiddels propvol zit met stress, dat nemen we op de koop toe. Het is alsof we hebben geaccepteerd dat (te) druk zijn de normale gang van zaken is. Het is heel eenvoudig om je te verliezen in een leven van hard werken, haasten en een altijd volle agenda. Dat we door die drukte nogal eens roofbouw plegen op ons lichaam, vinden we allang niet meer gek. We grijpen doorgaans pas in als het te laat is.

Uit de meest recente cijfers van het CBS blijkt dat burn-out een levensgroot en nog steeds groeiend probleem is. Eén op de zes tot zeven werknemers krijgt te maken met burn-outverschijnselen. Onder bepaalde groepen (vrouwen, 25- tot 35-jarigen, mensen die werken in de zorgsector of het onderwijs) is dit zelfs nog hoger: bijna één op de vijf.

Nog niet zo lang geleden werden zorgen over stress en burn-out over het algemeen weggewuifd. Burn-out, dat krijgen toch alleen heel perfectionistische mensen die niet goed om kunnen gaan met 'normale' werkdruk? Stress, is dat niet een ander woord voor aanstelleritis? Inmiddels weten we beter: gezien de enorme drukte van ons leven, kan iedereéén ten prooi vallen aan een burn-out. Dit heeft te maken met hoe we tegenwoordig leven en werken.

Van langere tijd te veel stress kun je een burn-out krijgen. Maar niet alleen mensen met een burn-out hebben last van de drukte. Een veel grotere groep mensen komt nooit in een burn-out terecht, maar heeft wel degelijk te maken met stressklachten. Deze 'huis-tuin-en-keuken-stress' zorgt voor minder levensplezier, minder aandacht voor de mensen om je heen en voor het gevoel gelééfd te worden. Het kan ertoe leiden dat je altijd achter de feiten aanloopt en het idee hebt altijd tekort te schieten, zoals het konijn in *Alice in Wonderland* dat steeds 'te laat, te laat!' is. Stress heeft een negatieve invloed op je relaties met anderen en maakt je minder sociaal. Het zorgt ervoor dat je nooit écht aanwezig bent met je aandacht omdat je hoofd altijd elders is. En op de lange termijn is het slecht voor je gezondheid, onder andere voor je hart. Met andere woorden: overmatige stress zorgt – vaak ongezien – voor veel leed.

Het is doodzonde om het zover te laten komen. Je kunt namelijk door een aantal eenvoudige principes toe te passen een hoop ellende voorkomen. Je kunt niet voorkomen dat je te maken krijgt met stress – dat hoort bij het leven – maar dit hoeft niet te betekenen dat je ertoe veroordeeld bent. Er zijn wel degelijk dingen die je kunt doen om de invloed van stress in je leven te minimaliseren en onnodige drukte uit te bannen. Je hoeft niet te wachten met ingrijpen tot het echt niet anders meer kan. Door nú stappen te zetten kun je voorkomen dat je in die situatie terechtkomt. Een rustiger leven met minder stress, daar hoef je niet rijk of bevoorrecht voor te zijn. Je hoeft er ook geen saai leven voor te leiden. Je kunt nog net zo productief zijn, nog net zulke interessante dingen doen, maar dan met een stuk minder stress.

Om de stress de baas te worden, is wel meer nodig dan een midweekje wellness, het kopen van ontspanningsthee of het aanschaffen van een abonnement op de *Flow* (al kunnen deze dingen misschien best helpen). Voor een rustiger leven is het nodig dat je anders gaat nadenken over je werk en over je leven. Het betekent dat je een aantal dingen moet aanpassen in je levensstijl, die zorgen voor meer focus en meer ontspanning. Hoe je dat doet, lees je in dit boek.

Mijn interesse in het onderwerp stress is niet alleen wetenschappelijk: het is ook in mijn persoonlijk leven een steeds terugkerend thema. Ik heb – in tegenstelling tot een flink aantal vrienden en collega's – nooit een burn-out gekregen, maar ik kan met zekerheid zeggen dat stress een negatieve invloed heeft gehad op de kwaliteit van mijn leven. Ik heb regelmatig periodes gehad dat mijn 'basisspanning' dermate hoog was dat ik niet te genieten was. Hoe drukker ik was, hoe korter mijn lontje. Het heeft er dikwijls voor gezorgd dat ik dingen niet bewust heb meegemaakt omdat ik met mijn hoofd ergens anders was. Het heeft relaties onder druk gezet

– met geliefden, familie en vrienden. Stress is de oorzaak geweest van mislukte vakanties, waarin ik vooral als een kip zonder kop aan het rondrennen was. Stress heeft me regelmatig een minder leuk mens gemaakt.

Tijdens de research voor dit boek las ik stapels boeken en onderzoeksartikelen. Ik sprak met ervaringsdeskundigen en experts over drukte, stress en burn-out. Ik onderwierp ook mezelf aan onderzoek. Zo kickte ik af van mijn Facebook-verslaving. Ik veranderde de manier waarop ik werk (en de manier waarop ik over werk dénk) drastisch. Ik deed een opleiding tot mindfulnesstrainer. Ik huurde een *personal assistant* in, om te kijken wat dat zou doen met mijn stressgevoel. Om te onderzoeken wat het zou doen met mijn concentratie nam ik Ritalin. In een zoektocht naar ontspanning beoefende ik diverse vormen van yoga, leerde ik door middel van ademtechnieken mijn hartslag omlaag te brengen en onderging ik diverse massages en wellnessbehandelingen (een zware taak, maar iemand moest het doen...).

Waar ik achter kwam: omgaan met stress is geen *rocket science*. De doeltreffendste manieren om met drukte om te gaan hebben een hoog open-deurgehalte. Ze hebben te maken met de signalen van je lichaam beter herkennen, met prioriteiten stellen en 'nee' durven zeggen tegen dingen, met een balans zoeken tussen bereikbaarheid en rust, met je aandacht trainen en met efficiënter werken. De uitdaging ligt niet zozeer in weten wát je moet doen, maar in dit consequent toepassen in je leven: hoe zorg je goed voor jezelf wanneer iedereen iets van je lijkt te willen? Je kunt zelf de keuze maken om minder druk te zijn, maar je moet wel genoeg zelfvertrouwen en zelfkennis hebben om de knoop door te hakken.

We kijken in dit boek naar het 'water' waar wij mensen in rondzwemmen: welke dingen – in ons werk, in ons privéleven én in ons eigen hoofd – zorgen voor drukte? Wat maakt dat we zo graag elke minuut van onze dag vullen? Hoe komt het dat we de drukte zo vanzelfsprekend zijn gaan vinden? Je kunt lezen wat stress precies is, wat een burn-out is en wat je kunt doen om te dealen met de stress in je leven. Er staan ook tips in voor het voorkomen van stress en voor werken met meer concentratie en meer aandacht. Met de tips in dit boek kun je op weg naar meer rust en minder stress. En ik heb zelf gemerkt: daar wordt je leven een stuk leuker van.

Tijdens het lezen van het boek zul je soms een kleine vertaalslag moeten maken naar je eigen specifieke situatie. Er staat bijvoorbeeld 'hij', terwijl er natuurlijk ook 'zij' had kunnen staan. Ik schrijf bijvoorbeeld over 'je werk' of 'je baan', terwijl je misschien zelfstandig ondernemer bent of student. Ik gebruik regelmatig het brede woord 'taak', waarmee ik bijvoorbeeld een gesprek met een klant bedoel, het schrijven van een artikel, een medische operatie of wat dan ook. Voel je vrij om hier de woorden in te vullen die voor jou van toepassing zijn.

Jij bepaalt hoe je omgaat met de stress in je leven. Als je er zelf géén keuze in maakt, ben je overgeleverd aan een volle agenda, een propvol leven en een blijvend haastgevoel. Ik kan niet garanderen dat je na het lezen van dit boek nooit meer stress zult ervaren. Wat ik wél kan beloven is dat je met de tips in dit boek beter met stress om zult kunnen gaan, en dat je met de technieken in dit boek meer rust in je leven kunt brengen. Geen onaardig vooruitzicht toch, wanneer je fokking druk bent.

Stress is onvermijdelijk, druk zijn is een keuze.

10 manieren om van je stress af te komen – een snelle gids

Leuk, zo'n boek over stress, maar dikke kans dat je deze woorden leest op het moment dat je volstrekt geen tijd hebt een héél boek te lezen om meer rust te krijgen. Daarom staan hieronder alvast een aantal tips om je stress snel te verminderen. Een EHBS dus: eerste hulp bij stress. Deze tips zijn een samenvatting van een aantal hoofdstukken uit het boek. Wil je meer over een van deze tips weten, dan kun je het betreffende hoofdstuk erop naslaan.

1. Zorg goed voor jezelf (slapen, eten, rusten)

Slaap je regelmatig en voldoende? Eet je gezond? Beweeg je genoeg? Is er genoeg ontspanning, genoeg tijd om je hoofd 'uit' te zetten? Als je antwoord op een van deze vragen 'nee' is, pas je levensstijl dan aan. De staat van je lichaam is nogal bepalend voor hoe jij je voelt. Als je niet goed voor je lichaam zorgt, ervaar je automatisch meer stress dan wanneer je uitgerust en fit bent. Daarom is een van de eerste stappen bij stress: goed voor je lichaam zorgen, juist op momenten dat je daar eigenlijk te weinig tijd voor hebt.

(Hoofdstuk 6: ALARM!, *Noodzakelijk onderhoud*)

2. Haal adem

Ademen, dat doe je de hele dag. Maar door *bewust* te ademen kun jij je stressniveau binnen enkele minuten laten zakken. Diep ademhalen zorgt voor een lagere hartslag en een lagere bloeddruk, en dus voor een rustiger hoofd. Je kunt met je ademhaling je stressreactie vertragen of tegengaan. Het helpt al om een paar minuten rustig door je neus in te ademen, en door je mond uit te ademen. Om echt ontspannen te raken kun je ervoor zorgen dat je minder, maar dieper ademt. Je kunt hiervoor bijvoorbeeld de 4-7-8-techniek gebruiken: vier seconden inademen, zeven seconden je adem inhouden en acht seconden uitademen. Het werkt dus echt: even rustig ademhalen.

(Hoofdstuk 4: Je baas is een beer, *Haal adem*)

3. Zet de notificaties van je apparaten helemaal uit

Een van de grootste veroorzakers van stress is alle apparatuur die we de hele dag door gebruiken. Onze telefoons, laptops en tablets overladen ons met informatie, ook wanneer we daar helemaal niet op zitten te wachten. Wanneer je een notificatie hebt gezien, zit het in je hoofd tot je er iets mee doet, ook wanneer je eigenlijk ergens anders mee bezig was. Het uitzetten van je notificaties zorgt voor minder onderbrekingen, minder switchen en dus: minder stress. Je krijgt alle informatie nog wel, maar pas wanneer jij dat zelf wilt.

(Hoofdstuk 2: Altijd haast, *De dictator in je broekzak*)

4. Kijk niet meer dan drie keer per dag naar je mail

Uit onderzoek blijkt dat mensen die slechts drie keer per dag in hun mailbox kijken gelukkiger, efficiënter en minder gestrest zijn dan mensen die gedurende de dag heel vaak hun e-mail controleren. Dit betekent dat je voor beduidend minder stress en drukte kunt zorgen door simpelweg minder vaak je mail te checken: bijvoorbeeld alleen 's ochtends vroeg, na de lunch en aan het eind van de dag. En laten we eerlijk zijn: vóór de opkomst van e-mail lagen mensen ook niet de hele dag voor hun brievenbus te wachten tot er post binnenkwam.

(Hoofdstuk 1: De werkverslaving, *Het leed dat e-mail heet*)

5. Herken je waarschuwingssignalen en handel ernaar

Stress doet met verschillende mensen verschillende dingen. De ene persoon krijgt last van hoofdpijn of pijntjes in de nek of schouders. Een ander slaapt slecht of heeft een gejaagd gevoel. Weer een ander wordt cynisch of is permanent aangebrand. Het is essentieel om je eigen waarschuwingssignalen te leren kennen om in te kunnen grijpen wanneer dat nodig is. Wat doet stress met jou? En wat kun je doen op het moment dat je jouw alarmsignaal opmerkt? Pas als je weet wat stress met je doet, kun je op tijd en adequaat ingrijpen.

(Hoofdstuk 6: ALARM!, *Je alarmsignalen (her)kennen*)

6. Houd je hoofd zo leeg mogelijk

Welke verschillende onderwerpen vechten nu tegelijkertijd in je hoofd om aandacht? De meeste mensen hebben op elk moment verschillende zaken door hun hoofd spoken. Als dit er te veel worden, kan dat zorgen voor een constante ruis, als een browser met te veel tabbladen open. Je kunt dan gemakkelijk het overzicht kwijtraken. Voor je weer verder dendert in de drukte, is het dus handig om je hoofd zo leeg mogelijk te maken. Schrijf alle regelzaken en zorgen in je hoofd op, en zorg dat je er niet meer aan hoeft te denken. Maak dan een onderscheid tussen de urgente dingen en de dingen die best even kunnen wachten. Hoe leger je hoofd, hoe meer ruimte voor écht belangrijke zaken. Een rustiger leven begint in je hoofd.

 (Hoofdstuk 2: Altijd haast, *Regeldingetjes*)

7. Plan als een baas

Plannen, dat is bepalen op welke dagen en in welke volgorde je dingen gaat doen, toch? Nou, ja. Maar plannen is veel meer dan dat. Een goede planning zorgt voor overzicht, maakt dat je minder dingen vast hoeft te houden in je hoofd en zorgt dat jij je kunt concentreren op waar je op dit moment mee bezig bent. De meester-planner heeft de prioriteiten op een rijtje en hoeft zich nooit zorgen te maken of de belangrijke dingen inderdaad gebeuren – die staan immers keurig ingepland.

(Hoofdstuk 7: Rust in je hoofd, *Plannen voor gevorderden*)

8. 'Goed genoeg' is goed genoeg

In periodes van stress is het soms alle hens aan dek. Het is dan nodig om de kunst te verstaan van snel taken afhandelen. Als je een beetje perfectionistisch bent aangelegd, levert dat een probleem op: je kunt niet alles perfect doen én supersnel zijn tegelijk. Experimenteer daarom met het omlaagbrengen van je eisen. Goede kans dat anderen het niet eens doorhebben – je eigen standaard van werken ligt ongetwijfeld veel hoger dan de eisen die anderen aan je stellen. 'Goed genoeg' is goed genoeg: dat geldt in meer gevallen dan je denkt.

(Hoofdstuk 3: Druk zijn is een keuze, *Perfectionisme*)

9. Train je aandacht

Juist in hele drukke tijden is het essentieel dat jij je goed kunt concentreren op wat op dit moment belangrijk is. Het is ook belangrijk om genoeg aandacht te hebben voor wat er in je hoofd en in je lichaam gebeurt. Hiervoor kun je bijvoorbeeld gebruikmaken van mindfulnessoefeningen. Voor een eenvoudige aandachtsoefening: ga voor het raam zitten en kijk tien minuten lang naar buiten. Wanneer je opmerkt dat je bent meegevoerd in een gedachtestroom, breng je de aandacht weer terug naar wat je ziet.

(Hoofdstuk 8: Werken met aandacht, *Mindfulness*)

10. Doe regelmatig iets NIET

Als je niet uitkijkt, vult je week zich ongezien met belangrijke, leuke en interessante dingen. Als je het idee hebt dat je al die afspraken koste wat kost moet aanhouden – ook al heb je er de energie niet voor of heb je er simpelweg geen zin in – raak je in de problemen. Experimenteer daarom met de edele kunst van het afzeggen. Je hoeft niet al je afspraken aan te houden simpelweg *omdat je ze hebt gemaakt*. Vaak genoeg zijn de mensen met wie je hebt afgesproken stiekem net zo blij als jij als de afspraak niet doorgaat.

(Hoofdstuk 6: ALARM!, *Ingrijpen*)

HOOFDSTUK 1 • DE WERKVERSLAVING

In de jaren '30 van de vorige eeuw wist econoom John Maynard Keynes het zeker: we zouden in de toekomst maar vijftien uur per week hoeven te werken. De technologie veranderde: een groot deel van het handwerk werd overgenomen door machines. Zo konden dezelfde opbrengsten gemaakt worden, maar dan in veel minder tijd en met veel minder moeite. Wat voorheen in een volle werkdag gebeurde, zou nu nog maar enkele uren menselijke arbeid kosten. En zo zouden de arbeiders, bevrijd van de verplichting om het grootste gedeelte van de dag in een fabriek door te brengen, veel meer vrije tijd hebben om te slapen, te leven en te studeren.

Deze voorspelling kwam niet helemaal uit. Fabriekseigenaren ontdekten dat ze door schaalvergroting met dezelfde hoeveelheid arbeid juist méér konden produceren. Ze maakten hun fabrieken grootschaliger en investeerden in moderne machines. Ze hakten het productieproces in kleinere taken en maakten arbeiders verantwoordelijk voor een van die kleine taken. In plaats van een producent werd de arbeider een klein radertje in een veel groter productieproces. De producten rolden voortaan met een noodvaart van de lopende band en de productiviteit per arbeider ging door het dak. En de arbeider zelf? Die draaide steeds langere diensten. In plaats van minder, werkte hij juist méér uren.

Momenteel zitten we ook in zo'n enorme verandering op het gebied van werk: een digitale revolutie. Twintig jaar geleden was het internet iets voor nerds die inbelden via een modemverbinding. Nu is iedereen altijd verbonden met het web – en dat heeft implicaties op elk gebied van ons leven. Ook ons werk is hierdoor drastisch veranderd: om samen te werken of te overleggen hoef je niet meer in dezelfde ruimte te zijn of zelfs maar op hetzelfde continent. Elk bericht wordt binnen een seconde verstuurd. Voor je werk hoef je vaak niet eens meer naar kantoor, want je bent altijd bereikbaar, waar je ook verblijft. Werken kan op elk moment van de dag. Maar er zijn ook minder positieve gevolgen, zoals het vervagen van de grens tussen werk en privé, en het vele extra overwerk dat dit oplevert.

In het Westen is steeds meer sprake van een kenniseconomie omdat veel productiewerk wordt afgestoten naar landen waar de lonen lager zijn. We werken steeds minder met onze handen en steeds meer met ons hoofd, en we houden ons steeds meer bezig met het managen van informatie. Voor veel mensen betekent werken een significant deel van de dag achter een computerscherm zitten. Zelfs de traditionelere beroepen (leraren, loodgieters, verzorgers) krijgen steeds meer digitale aspecten.

Met de digitale revolutie zou ons leven gemakkelijker, rustiger en aangenamer worden, dat was de belofte. Maar net als bij die vorige grote verandering – de industriële revolutie – is dat niet bepaald gelukt. Integendeel zelfs: ons leven is er complexer en drukker van geworden. De eisen die het werk aan ons stelt zorgen er vaak voor dat we minder vrije tijd hebben dan we zouden willen. We besteden meer tijd aan ons werk en dat gaat nogal eens ten koste van de uren die we kunnen besteden aan andere dingen zoals gezin, vriendschap en zorg. We zijn onrustiger en gestrester dan ooit tevoren.

We lijken soms wel verslaafd aan ons werk. We ontlenen er onze betekenis aan en zijn er in gedachten mee bezig (ook buiten kantoortijden). Werk geeft ons zelfwaarde. Je bent wat je doet, en daarom werken we veel en hard. We lijken te leven om te werken, in plaats van andersom. Maar net zoals bij andere verslavende middelen geldt ook hier: maat houden is belangrijk. Te veel werk brengt jou en je omgeving schade toe.

In de jaren '80 en '90 bestond er een woord voor mensen met een werkverslaving: workaholics. De kenmerken van *workaholism*: bijzonder veel tijd met werk bezig zijn, ook in de vrije tijd veel nadenken over werk, en wel zozeer dat andere activiteiten in het leven daaronder gaan lijden. Deze term is tegenwoordig vrijwel uit ons taalgebruik verdwenen. Dit komt niet omdat we tegenwoordig mínder met ons werk bezig zijn dan toen. Integendeel, we zijn zo'n beetje allemáál workaholics geworden. Workaholic zijn is zo normaal dat het niet eens meer opvalt.

In dit hoofdstuk kijken we naar de werkverslaving. We bekijken welke aspecten van ons werk ervoor zorgen dat ons leven zo fokking druk is. We onderzoeken welke grote veranderingen er de afgelopen decennia zijn geweest op het gebied van werk, en welke consequenties dit voor ons heeft. Houden we minder vrije tijd over omdat we ons werk steeds meer laten inbreken? Wat valt er te doen voor een gezonde balans tussen werk en vrije tijd?

#LoveMyJob

Als je op een feestje of borrel aan de praat raakt met iemand die je niet kent, komt er vroeger of later één vraag: wat doe jij in het dagelijks leven? Iedereen heeft hierop een standaardantwoord, dat meestal te maken heeft met ons werk. Per gelegenheid kan het antwoord verschillen; zo stel ik me afhankelijk van de context voor als 'psycholoog', 'trainer', 'docent' of, als ik interessant wil overkomen, 'schrijver'. De vragensteller zou verbaasd opkijken als je met een heel ander antwoord zou komen: 'Ik verzamel Deense postzegels' of 'Ik mag graag een sneetje roggebrood eten'. De openingsvraag die voor ons zo vanzelfsprekend lijkt, is echter niet universeel. Zo vraag je in andere culturen dikwijls: 'Heb je een gezin?', 'Waar kom je vandaan?' of 'Wie zijn je ouders?'.

Dat wij bij een ontmoeting graag onze carrière in de etalage zetten, zegt veel over de waarde die we hechten aan ons werk. Dit is niet vreemd, want in onze maatschappij wordt onze waarde als mens vaak afgemeten aan prestaties op werkgebied. Onze baan zorgt voor onze status – het aanzien en respect dat we krijgen – en we willen natuurlijk het liefst dat deze status zo hoog mogelijk is.

Waar we er vroeger van uitgingen dat iemand die voor een dubbeltje werd geboren nooit een kwartje zou worden, geloven we tegenwoordig iets heel anders: we gaan ervan uit dat in onze maatschappij de posities niet worden verdeeld op basis van sociaal-economische achtergrond, herkomst of stand, maar op basis van geschiktheid. Als je een hoge positie bereikt is dat niet omdat je ouders rijk zijn, maar omdat je slim bent en flink je best hebt gedaan. Dus kan iedereen de top bereiken als je maar een degelijk stel hersenen hebt en vooral hard kunt werken: deze dingen maken je geschikt. Dit idee komen we ook tegen in de mythe van *the American Dream*: de berooide krantenjongen kan met genoeg toewijding en hard werk uiteindelijk een rijke mediamagnaat worden. Dat je voor het vergaren van succes een gezonde dosis geluk nodig hebt en dat er wel degelijk grote restricties zijn aan wat we kunnen bereiken (in veel sectoren is nog steeds sprake van een old boys network, er is bijvoorbeeld nog nooit een vrouw minister-president geworden) horen we liever niet.

Tegenwoordig geldt: we kunnen een kwartje worden, en daarom móéten we ook een kwartje worden, en als het even kan zelfs een gulden. Ons werk bepaalt immers voor een groot deel onze waarde als mens en ons zelfvertrouwen – we kijken met ontzag naar mensen die hoog op de maatschappelijke ladder staan en halen onze neus op voor de sukkels onderaan. De invloedrijke carrièrevrouw staat hoger op de apenrots dan de huisman.

Ons werk is een belangrijk onderdeel van onze identiteit. Het is niet alleen wat we doen, maar ook wie we zíjn. Onze werkzaamheden zijn niet zomaar enkele van de vele activiteiten in onze week. Nee, het dient onze 'passie' te zijn, we dienen er betekenis aan te ontlenen. En als het even kan worden we er ook graag gelukkig van.

Volgens filosoof Alain de Botton is het grote verschil met vroeger niet zozeer de technologische vooruitgang. Het belangrijkste verschil zit tussen onze oren: het idee dat we gelukkig moeten worden van ons werk en dat we er betekenis uit moeten halen. Dit denkbeeld, dat voor ons zo vanzelfsprekend is, is een tamelijk recent verschijnsel. Werk werd in de geschiedenis meestal gezien als iets onaangenaams dat nu eenmaal moest gebeuren, als een soort straf. Je ruilde je tijd en energie in tegen een passende vergoeding: salaris. Als het aan jou lag had je liever iets anders gedaan, maar het moest nu eenmaal. Tegenwoordig is het idee populair dat werk onze 'missie op aarde' zou moeten zijn, de manier waarop we een stempel op de wereld drukken.

In onze tijd heerst zelfs het idee dat werk eigenlijk zó belangrijk voor ons zou moeten zijn dat we het ook zouden doen als we er niet voor betaald zouden krijgen: 'vind een baan waar je van houdt, en je hoeft nooit meer een dag te werken'. Als je eenmaal die droombaan hebt gevonden die precies aan al je eisen voldoet, zal het niet meer aanvoelen als werk maar als je allerfijnste hobby, dat is de belofte. #LoveMyJob.

Je ziet dit idee ook terug in de managementtaal die we tegenwoordig te pas en te onpas gebruiken. We vinden het belangrijk om 'onze potentie te benutten' en 'eruit te halen wat erin zit'. We doen aan *personal branding* en ontwikkelen een *unique selling point*. We hebben 'passie' voor ons werk, omdat het helemaal in lijn is met onze 'kernwaarden'. Als we het even niet zo 'voelen', kunnen we naar een jobcoach die ons helpt om een baan te vinden die beter aansluit op onze behoeftes.

De moderne werkgever is een zogenaamde *absorptive corporation*, een organisatie die ons zo goed mogelijk tegemoet wil komen in al onze wensen. In moderne bedrijven wordt aandacht besteed aan het werkgeluk van de werknemers. We komen er niet alleen om te werken, maar ook om te socializen. Er worden gezamenlijke sporttrainingen en cursussen georganiseerd, er is een interne academie en een bar voor de vrijmibo. De nieuwste trend is het aanstellen van een *Chief Happiness Officer*, die als taak heeft om het werkplezier van de werknemers te vergroten, na te gaan of deze nog wel 'op hun plek zitten' en te coachen als dat niet zo is.

En zo vervaagt de grens tussen ons werk- en privéleven. We vinden werken geen straf meer, we halen er ons zelfvertrouwen vandaan en zoeken naar zelfrealisatie. Maar aan dat betekenisvolle werk hangt wel een behoorlijk prijskaartje: dat van absolute toewijding, zelfs al gaat dat ten koste van onze gezondheid.

Continue verandering

De manier waarop we naar werk kijken is dus veranderd: we zien werk als een belangrijk onderdeel van onze identiteit en willen er het liefst gelukkig van worden. Maar niet alleen ons perspectief, ook het werk zélf is veranderd. Tegenwoordig liggen veel beroepen qua werkzaamheden in de basis nog wel vast, maar zijn ze behoorlijk aan verandering onderhevig.

Waar je vroeger als fietsenmaker vooral bezig was met het repareren van fietsen, komt er nu veel meer bij kijken, want het is ook handig als je verstand hebt van *social media marketing*, om maar iets te noemen. Je moet een digitale bestelling van onderdelen kunnen afhandelen en klantvriendelijk kunnen zijn. Je moet verstand hebben van de laatste snufjes op het gebied van e-bikes, je wordt geacht *people skills* te hebben en op een prettige manier samen te werken met anderen.

Op de middelbare school had ik geschiedenis van meneer Van Dijk. Van Dijk was van de oude stempel. Hij kon twee dingen heel goed die hem tot een waardevol docent maakten: vertellen over zijn vakgebied en orde houden. Dat eerste maakte Van Dijk beroemd tot ver buiten onze eigen school. Wanneer hij vertelde over de veldslagen van Napoleon, verscheen hij als de generaal zelf, inclusief uniform en hoofddeksel. Vertelde hij over de moord op Caesar, dan stak hij de grafrede van Brutus af, uit zijn hoofd, in het Latijn. Het tweede – orde houden – kon hij iets té goed. Brugklassers gingen met knikkende knieën naar zijn klaslokaal. Iemand die fluisterde in de les, tilde hij zonder pardon met stoel en al de gang op. Docenten halen nog steeds herinneringen op aan die keer dat hij een van de eerste mobiele telefoons, die in zijn les rinkelde, het raam uit smeet.

Meneer Van Dijk, die er helaas niet meer is, verzette zich met hand en tand tegen de ontwikkelingen in het onderwijs in de laatste fase van zijn carrière. Computers kwamen zijn klaslokaal niet in. Je zag hem niet met een diaprojector, laat staan met een powerpointpresentatie. Hij bereidde zijn leerlingen niet voor op de eindtermen voor het examen en deed ook niet aan projectgestuurd onderwijs. Hij vertelde gewoon verhalen en daar moest je zelf maar de benodigde informatie uit distilleren.

Toen de echt grote veranderingen voor docenten kwamen, was Van Dijk al met pensioen. Inmiddels zijn computers en laptops niet meer weg te denken uit het klaslokaal. Docenten houden interactieve lessen op een smartboard en passen de nieuwste inzichten uit de pedagogiek toe. Huiswerk maken doen de leerlingen in een digitale leeromgeving. Naast het doceren zelf zijn er legio taken bijgekomen. Je moet nu ook administratie bijhouden over de houding van de leerlingen in een digitale database, en leerlingen coachen

in presentatie-, samenwerkings- en conflictvaardigheden. En steeds vaker: appen met leerlingen of hun ouders over organisatorische zaken. Het nakijken van toetsen, voor zover daar nog tijd voor beschikbaar is, gebeurt regelmatig in de uren thuis. Geen wonder dat juist in het onderwijs de hoeveelheid stressklachten en burn-outs berucht hoog is.

Fietsenmakers en geschiedenisdocenten staan niet alleen: vrijwel alle traditionele beroepen zijn op de een of andere manier complexer en veeleisender geworden. Aan vrijwel elke taakomschrijving zijn taken toegevoegd die niet zozeer met het vak zelf, maar met de randvoorwaarden daarvan te maken hebben. Je moet goed kunnen organiseren, onderhandelen en jezelf verkopen. Zelfs kunstenaars dienen zichzelf tegenwoordig als cultureel ondernemer in de markt te zetten.

Je zou kunnen zeggen dat een groot deel van de werkende bevolking naast hun reguliere beroep ook projectmanager is geworden. Het is niet genoeg om kennis en expertise te hebben op ons eigen vakgebied. We dienen ons tevens op te stellen als flexibele alleskunners die zich snel vaardigheden eigen kunnen maken. Dit is de enige manier om bij te blijven met de steeds sneller voortschrijdende technologie.

Natuurlijk is er met enige verandering van werkomstandigheden weinig mis: het houdt je wakker en zorgt ervoor dat je niet verveeld raakt. Je hebt mensen die het juist aantrekkelijk vinden om een dynamische baan te hebben, waarin ze snel moeten schakelen en geen dag hetzelfde is. Maar voor het merendeel van de mensen is veel verandering niet zonder meer positief. Te veel verandering binnen korte tijd zorgt voor onrust en onzekerheid. Routine zorgt ervoor dat je weet waar je aan toe bent, en juist die routine verdwijnt in ons werk steeds meer. Als je steeds opnieuw moet nadenken over hoe je iets gaat aanpakken, kost dat mentale energie en draagt het bij aan je werkstress.

Hart voor de zaak

Ons werk zorgt dus voor onze status, voor onze eigenwaarde en als het even meezit voor ons geluk. We zijn dan ook bereid te gaan voor ons werk. Daarom maakt de moderne baan niet alleen aanspraak op onze tijd, maar ook op ons hart.

Volgens onderzoek van TNO werkt de Nederlandse werknemer gemiddeld ruim drie overuren per week. Mannen werken gemiddeld 3,7 uur bovenop hun contract, vrouwen gemiddeld 2,4. Zou dit werk niet door overwerkende werknemers worden gedaan en werden die uren verdeeld over nieuwe werknemers, dan zouden er in één klap 300.000 nieuwe fulltime banen ontstaan. Deze overuren zouden zorgen voor 21 miljard euro betaalde werktijd, ware het niet dat de meeste van deze uren niet betaald worden: 'Nog even iets afmaken' aan het eind van de dag, of e-mailverplichtingen voor en na de daadwerkelijke werkdag.

In traditionele bedrijven en organisaties was het de taak van de manager of teamchef om ervoor te zorgen dat de werknemers zich aan de regels hielden en voldoende kwaliteit leverden. De chef had autoriteit, had een lijn met 'hogerhand', kleedde zich formeler dan 'zijn'* werknemers en had een eigen kantoor waar je op het matje werd geroepen als je iets fout had gedaan.

Dit vinden we inmiddels hopeloos ouderwets. De moderne manager is eerder een coach of een 'inspirator'. Hij (m/v) kleedt zich op dezelfde manier als jij en zit als het even kan op hetzelfde flexkantoor te werken. We spreken hem gewoon met 'je' aan. In een regelmatig 'ontwikkelgesprek' kijk je samen met je manager of jij je zelf opgestelde doelen wel behaalt. Hij checkt regelmatig of je als teamlid 'lekker in je vel' zit. Is dat even niet zo, dan staat zijn deur altijd open om over je persoonlijke problemen te komen praten.

En wat betreft de autoriteit die de manager ooit had? Daar zorgen we nu zelf voor. Hij hoeft ons niet meer achter onze broek te zitten, dat doen we zelf. Sterker nog, in zekere zin zijn wij in onze baan zelf die resultaatgerichte manager geworden. De ouderwetse hiërarchische organisatie maakt plaats voor democratische bedrijven waarin we onszelf in de gaten houden. We zorgen ervoor dat we onze tijd goed indelen (en als dat niet lukt doen we daar wel een cursus voor), dat we de benodigde kwaliteit bereiken in ons werk en dat we zo productief zijn als we maar kunnen. Lukt het niet om werk te leveren van voldoende kwaliteit, dan voelen we ons

* Leidinggevende posities werden doorgaans door mannen bekleed – ook wat dat betreft zijn de tijden veranderd!

schuldig. En als er aan het eind van de dag werk blijft liggen, lossen we dit in onze eigen tijd wel even op – zo plichtsgetrouw zijn we.

Sammie (23) werkt naast haar studie bij een thuiszorgorganisatie in Utrecht. Het is een moderne, platte organisatie waar voornamelijk studenten werken in zelfsturende teams. Sammie werkt er nu ongeveer vier jaar. Ze is begonnen als verpleeghulp: schoonmaken, steunkousen helpen aantrekken, ondersteuning bij praktische taken. Naarmate ze langer bij het bedrijf werkte, kwamen er ook coördinerende taken bij: intakes met cliënten, het inplannen en faciliteren van teamoverleg, het aannemen van nieuwe medewerkers. Ze is 'teamcoach' – in het bedrijf wordt de titel teamcoördinator liever niet gebruikt omdat dit een machtsverschil impliceert. Sammie: 'Ik ben niet de baas, daar word ik ook niet naar betaald, maar ik moet wel aansturen, instructie geven en collega's die iets fout doen corrigeren.'

In het bedrijf zijn de hulpverleners in principe eigen baas. Hulpverleners beslissen zelf hoe ze de nodige ondersteuning van een cliënt organiseren, soms in ruggespraak met de teamcoach. Maar in de praktijk komen medewerkers regelmatig bij haar voor instructies. Als er iets misgaat, komt het toch vaak op het bord van Sammie terecht. Ze wordt geacht om haar team zelfsturend te maken, maar als er een probleem is, moet zij het meestal oplossen. Onlangs had een van de teamleden een conflict met een cliënt. De cliënt was zo boos dat ze de hulpverlener bleef bellen. 'En die hulpverlener komt dan weer overstuur bij mij terecht.'

Zulke situaties zijn er soms wel meerdere keren per week. Sammie krijgt vier betaalde uren per week voor deze teamcoachfunctie, die dus bestaat uit het oplossen van dergelijke problemen, maar ook uit het organiseren en voorzitten van vergaderingen en het inwerken van nieuwe hulpverleners.

Dit werk kost haar altijd meer tijd dan de vier uur die ze hiervoor krijgt: 'Als ik aangeef dat iets te veel is, dan wordt mij gezegd dat ik het meer aan de hulpverleners moet overlaten. Ik zou mijn team zelfsturender en zelfredzamer moeten maken. Ik zou mijn team moeten opvoeden om ze te leren dat ze bij elkaar moeten komen met problemen en niet altijd bij mij. Er wordt me verweten dat ik taken van de hulpverleners overneem, die ze eigenlijk zelf hadden moeten doen. Maar als ik dat doe, dan geef ik hen meer werk, waar zij ook niet voor betaald krijgen. Dus het is taken afschuiven op anderen, waardoor díe dan misschien weer overbelast raken.'

Het verhaal van Sammie illustreert slechts één van de manieren waarop ons werk tegenwoordig volledige toewijding van ons verwacht, ook als dat ten koste gaat van onze eigen tijd. Voor ons werk doen we alles, en vaak zelfs nog meer. Bij veel beroepen is het eerder regel dan uitzondering om een werktelefoon bij je te dragen waarop je ook in de avond en in het weekend gestoord kunt worden. In andere sectoren is het normaal dat sommige taken binnen het takenpakket niet vergoed worden, maar wel gedaan moeten worden. Zo werd ik bij een eerdere werkgever verplicht om deel te nemen aan maandelijks teamoverleg op een doordeweekse avond, hetgeen niet vergoed werd – iedereen vond dat de normaalste zaak van de wereld.

In de huidige werkomgevingen is een 9-tot-5-mentaliteit uit den boze. Er wordt niet alleen verwacht dat je je werk goed doet, dat je je deadlines en targets haalt en dat je een empathische teamplayer bent. Het is niet genoeg om tijdens je werktijd een betrokken werknemer te zijn met een pro-actieve werkhouding. Nee, bovenop dit alles wordt er van je verwacht dat je hart voor de zaak hebt. Je betrokkenheid toon je door extra werk te verrichten als er een collega door ziekte uitvalt, of als er iets extra's moet worden gedaan. Wanneer je een keer niet aan je verplichtingen kunt voldoen of ziek bent, gaat dit daarom gepaard met een schuldgevoel: niet alleen faal je zelf, maar je laat ook je collega's met een probleem achter.

Altijd aan

In het bedrijf van Sammie wordt nogal wat gecommuniceerd, vaak via WhatsApp. De hoeveelheid informatie die de medewerkers elkaar sturen is soms overweldigend: 'We hebben appgroepen voor onwijs veel verschillende dingen: voor het team, voor de mentoren, privé en een spoedapp. We hebben een appgroep voor een project waarin we de hulpverleners opleiden. We hebben de buddygroepjes, voor support als je er even doorheen zit. Zo kan ik nog wel even doorgaan.'

Het is ook lang niet altijd duidelijk wanneer een bericht zakelijk is en wanneer een bericht privé is. Als het over een cliënt gaat is het werkgerelateerd, maar als een van de hulpverleners een feestje geeft en daarvoor de collega's uitnodigt, is het privé: dat is duidelijk. Maar vaak genoeg zit het daartussenin: als je een datum zoekt voor een bedrijfsfeestje en je onderzoekt daarvoor de beschikbaarheid van je collega's, is dat dan werk of privé? Als je een rotdag hebt gehad en je wilt daarover met een van je directe collega's chatten, valt dat dan onder werk? De oplossing is vaak: alles behandelen alsof het relevant en belangrijk is.

Alleen de 'teamcoaches' in het bedrijf van Sammie krijgen een werktelefoon. De 'gewone' hulpverleners die geen coach zijn gebruiken voor hun werk hun eigen telefoon. Ze hoeven volgens de regels hun privénummer niet aan cliënten te geven, maar in de praktijk gebeurt dat eigenlijk altijd.

Ondanks dat Sammie naast haar eigen telefoon ook een werktelefoon heeft, lopen persoonlijke en zakelijke communicatie nog regelmatig door elkaar. Ze heeft aanvankelijk geprobeerd om die appgroepen alleen op haar werktelefoon te houden. Die stond dan ook regelmatig uit. Maar mettertijd begon Sammie haar eigen telefoon als een soort tweede werktoestel te gebruiken: 'Het is gewoon onhandig om altijd twee telefoons in je zak te hebben. Soms was er een spoedbericht bij en dat kreeg ik dan niet altijd mee. Dat idee vond ik zo onprettig dat ik nog liever alle berichten op m'n privénummer kreeg. Dus ik ben langzamerhand weer met m'n privételefoon in al die appgroepen gegaan, omdat me dat toch minder stress opleverde. Met als gevolg dat ik de hele dag, in het weekend en 's avonds, berichtjes kreeg.'

Het is vreselijk eenvoudig om te communiceren met veel mensen tegelijk: een kwestie van de betreffende mensen in de cc van een mailwisseling zetten. Een appgroep is binnen twee minuten aangemaakt en zorgt ervoor dat een grote groep mensen meteen een bericht krijgt doorgespeeld. We zijn niet spaarzaam met onze berichten, mails en apps. Dat we kampen met uitpuilende mailboxen en honderden notificaties nemen we op de koop toe.

Waar er voorheen een duidelijke grens bestond tussen werktijd en vrije tijd, lopen deze tegenwoordig nogal eens door elkaar heen. Het team van docenten op de universiteit waar ik werk, gebruikt voor een groot deel van de communicatie een WhatsAppgroep. In deze groep zitten vijftien docenten. Er worden praktische vragen gesteld over lesgeven ('Kan iemand een stift voor me meenemen?') en coördinatiepunten doorgegeven ('Vergeten jullie niet uiterlijk vanavond de cijfers in te voeren?'). In de weekenden worden er regelmatig niet-werkgerelateerde zaken besproken

('Kijk eens wie ik in de kroeg tegenkwam!').

Enige tijd geleden stelde een van mijn collega's op een zondagochtend een vraag: 'Op mijn mail een student die in paniek is. Ze kan het inleverformulier van de opdracht niet vinden. Weten jullie waar dit is?' Binnen een paar minuten suggereert een collega dat het betreffende document vast op de website te vinden is. Het volgende bericht is van een derde collega: 'Sorry jongens, vergeten up te loaden!! Daan, heb jij dit nog ergens?' Waarop Daan antwoordt: 'Heb hem net naar jullie gemaild!'

Met deze vraag van een collega waren op zondagochtend opeens vier collega's aan het werk. Nog eens elf andere nietsvermoedende docenten werden op hun vrije zondag geconfronteerd met een handvol notificaties over een probleem dat ook best tot maandag had kunnen wachten.

We hebben vaak zelf niet door hoezeer de technologie beslag legt op onze tijd, onze aandacht en de ruimte in ons hoofd, én die van anderen: bij het versturen van een bericht vragen we ons vaak niet af of de ontvanger van het bericht hier wel op zit te wachten. Het maakt WhatsApp niet uit of jij in je vrije tijd berichten over je werk krijgt. Een e-mail vraagt zich niet af of hij je mag storen, die doet dat gewoon.

Appjes, mails en andere berichten houden zich niet aan conventionele werktijden. Voor de opkomst van internet en mobiele telefoons werd de doorsnee werknemer buiten werktijd vrijwel nooit benaderd over werkzaken. Sommige beroepen, bijvoorbeeld tandartsen of politieagenten, hadden diensten, waarbij ze van tevoren wisten dat ze gedurende een afgesproken periode oproepbaar waren als dat nodig was. Nu lijkt in steeds meer beroepen de deur naar bereikbaarheid in de privésfeer wagenwijd open te zijn gezet. Voor velen is wél bereikbaar zijn de norm geworden, ook 's avonds en in het weekend. We hebben zo ongeveer altijd dienst. Je kunt in theorie je e-mailapplicatie van je telefoon verwijderen of de notificaties van je werkgerelateerde appgroepen op stil zetten. maar... kun jij je dit eigenlijk wel veroorloven als de geldende norm is dat je ook in het weekend op berichten reageert? Mocht er iets vreselijk belangrijks gebeuren, dan is het handig om meteen in te kunnen grijpen. Als dat echter betekent dat je daarom altijd op stand-by moet staan – en je dus altijd gestoord kunt worden – is dat dan niet een veel te groot offer?

De norm voor wat er belangrijk genoeg is om je collega's mee te storen buiten werktijd verandert. Het komt regelmatig voor dat Sammie 's avonds en in het weekend wordt gebeld over noodgevallen. Het verkeer van berichten en telefoontjes wordt niet van hogerhand gereguleerd, er zijn geen expliciete regels over wanneer de medewerkers telefonisch beschikbaar moeten zijn. Dit mogen ze zelf bepalen. Het is niet zo dat het niet reageren op een bericht of telefoontje in het weekend je op een standje komt te staan. Sammie: 'Maar het zit wel ingebakken in de bedrijfscultuur: je voelt je schuldig op het moment dat je een collega of een cliënt met een probleem laat zitten. Ik vind het best ingrijpend dat van ons wordt verwacht dat we de hele week klaarstaan, ook in het weekend. In principe probeer ik na acht uur 's avonds mijn telefoon niet meer op te nemen, maar dat lukt lang niet altijd. Als teamcoach maak ik mezelf ook vaak schuldig aan het lastigvallen van collega's met werk na etenstijd en in het weekend. Ik ben net zo hard verantwoordelijk voor die bedrijfscultuur.'

Door onze betrokkenheid laten we ons nogal eens verleiden (of dwingen) het werk toe te laten in onze privésfeer. Dit levert echter een ongezien probleem op: we kennen zo steeds minder tijd waarin we echt vrij zijn, vrij van de verplichting om met ons werk bezig te zijn. Vrije tijd waarin je met werk bezig bent, is eigenlijk helemaal niet zo vrij, het is gewoon werktijd. Ook als je op een avond of in het weekend een bericht over je werk ontvangt en besluit er níet op te reageren, ben je er vaak toch in je hoofd mee bezig.

Het leed dat e-mail heet

We mailen ons te pletter. Volgens recente cijfers sturen we elkaar wereldwijd per dag naar schatting tussen de 183 en de 205 miljard e-mails. Op ongeveer 75% van deze mails wordt binnen een uur gereageerd. Uit een onderzoek onder mensen die op een kantoor werken blijkt dat de gemiddelde kantoorwerker tussen de twee- en driehonderd e-mails per dag ontvangt en ongeveer tweeënhalf uur per dag bezig is met het lezen en beantwoorden van e-mails. Waar in 2002 minder dan 10% van de werknemers buiten werktijd werkmails bekeek, is dat inmiddels meer dan de helft. Volgens een andere berekening besteedt de gemiddelde kantoorwerker ongeveer 13 uur per week aan e-mail. Dit is op jaarbasis 650 uur of 28% van de totale werktijd.

Alhoewel voor het merendeel van de mensen het beantwoorden van e-mails niet eens in de taakomschrijving staat, zijn we er dus een flink deel van onze werkdag mee bezig. Onze e-mailverslaving trekt dan ook een flinke wissel op onze productiviteit. Hoe meer tijd we besteden aan onze mailbox, hoe minder tijd er overblijft voor de andere taken binnen ons werk. En terwijl we met die andere taken bezig zijn, loopt onze inbox weer vol met die honderden mails die we dagelijks voor onze kiezen krijgen. Met het beantwoorden van die mails leggen we op onze beurt weer beslag op de tijd van anderen – de norm is immers dat je meteen weer reageert op een mail – en daarmee is het cirkeltje rond.

E-mail is funest voor je aandacht, zeker als je je er steeds door laat storen. De meeste mailprogramma's zijn erop gemaakt om je aandacht te vragen op het moment dat er een e-mail binnenkomt. Er verschijnt een balkje in je scherm, er klinkt een piepje of een belletje, of er komt een opvallend rood bolletje boven een icoontje te staan. Je wordt ertoe verleid om te stoppen met je huidige taak en meteen bezig te gaan met de mail, en dit doen we dan ook vaak direct. Onderzoek wijst uit dat mensen van wie de mailnotificaties waren uitgezet, gemiddeld 18 keer per uur van programma wisselden op hun scherm, en mensen die tussendoor wel werden gestoord met mail gemiddeld 37 keer per uur wisselden.

Mensen zijn nogal slecht in multitasken. We mogen dan wel het idee hebben dat al dat switchen tussen taken ons goed afgaat en dat we superproductief bezig zijn, maar ondertussen krijgen we juist minder gedaan. Dit komt omdat we ons steeds opnieuw moeten oriënteren op de 'spelregels' van de taak, wat elke keer even tijd kost. Na het beantwoorden van een mail hebben we volgens onderzoek gemiddeld een minuut en vier seconden nodig om weer terug te schakelen naar de taak waar we mee bezig waren. Ben je bijvoorbeeld bezig met een planbeschrijving en komt er een mail tussendoor die je meteen behandelt, dan ben je meer dan een minuut bezig om je vervolgens te heroriënteren op het uitwerken van het plan.

Elke ontvangen mail opent een nieuw proces van een aantal stappen in ons hoofd, waar we ons lang niet altijd van bewust zijn. Van de enorme bups aan mail die we dagelijks te verstouwen krijgen, is gemiddeld gezien slechts 38% echt belangrijk of zelfs maar relevant. De eerste vraag die we ons bij elke mail stellen is: moet ik hier iets mee? Is het antwoord daarop 'ja', dan komen er meteen een aantal vervolgvragen: wát moet ik hier dan precies mee? Welke vervolgstap moet ik zetten? Moet ik antwoorden of vereist dit een andere actie? En wanneer moet dit gebeuren? Dit proces herhaalt zich voor iedere nieuwe mail. Zeker als je mails steeds per stuk afhandelt, op het moment dat ze binnenkomen, vreet dit mentale energie.

Een bijkomend nadeel van e-mail is dat regelmatig onduidelijk is óf iets belangrijk is. Een mailtje dat van levensbelang is voor je carrière ziet er qua uiterlijk precies hetzelfde uit als de uitnodiging om bij te dragen aan het jubileumcadeau voor je collega Sabrina. Natuurlijk, er is een systeem van symbooltjes en vlaggetjes, maar die zeggen vooral iets over het belang voor de verzender, niet per se voor jou als ontvanger. Om daarachter te komen, moet je vaak het hele bericht analyseren.

Vaak is het onduidelijk wat er in een mail precies van je wordt verwacht. Een duidelijke mail is zo kort mogelijk en geeft in het onderwerp, of in de eerste paar regels, al aan wat jij er als ontvanger mee moet, welke actie jij moet ondernemen. Helaas is een groot deel van de mails die je krijgt lang niet zo duidelijk, en moet je regelmatig een heel bericht scannen om te weten wat er van je wordt verwacht. Waar je in het ideale geval binnen tien seconden wel weet of een mail relevant is en wat je er precies mee moet, ben je bij een beroerd gecomponeerd bericht soms minutenlang bezig om achter de relevantie te komen.

Hoe komt het dat onze mailbox zo vol raakt met berichten, waarvan het merendeel irrelevant is? Dit heeft te maken met het gemak en de snelheid van het medium. Er is amper meer een drempel om iemand even snel een mailtje te sturen, met als gevolg een zekere gemakzuchtigheid. Zo komt het bijvoorbeeld regelmatig voor dat studenten mij een mail sturen met een vraag waarop ze, met een paar minuten zoeken, zelf ook wel het antwoord zouden kunnen vinden*. Maar

* Voor dit soort situaties bestaat de uitstekende website Let Me Google That For You, waarmee je in plaats van een zelfgetikt bericht gewoon de relevante google resultaten terugstuurt.

mailen is sneller, en ik reageer toch wel (denken ze!).

Mails worden door de snelheid waarmee ze worden gestuurd vaak ook weinig nauwkeurig geformuleerd. Een mail met een artikel en een vraag als 'Wat vinden jullie hiervan?' geeft nogal wat aanleiding tot onduidelijkheid. Want wat voor soort antwoord wordt hier verwacht? Vervolgens is er vaak een hele trits aan reacties nodig om het punt te verhelderen. Ook komt het voor dat er in een mailwisseling voor het gemak meer mensen in de correspondentie worden opgenomen dan strikt noodzakelijk. Bij e-mail geldt: bij twijfel, sturen!

Het is dus makkelijk om enorm veel tijd kwijt te raken aan e-mail, zeker als je behoort tot de *inbox zero people*, de mensen die pas kunnen rusten wanneer ze al hun inkomende mail hebben verwerkt. Op deze manier kan e-mail een grote stressfactor zijn binnen je werk. Als je een CEO of een hoogleraar bent, kun je ermee wegkomen om slordig te zijn met je mail (strategie: gewoon in de regel niet reageren, tenzij je een reminder krijgt). Maar verreweg de meesten van ons kunnen het ons niet veroorloven om onnauwkeurig te zijn met e-mail. De norm is dat je gewoon overal op antwoordt, tenzij je een goede reden hebt om dat niet te doen.

Zo wordt e-mail voor veel mensen een bron van extra taken waar ze zelf geen controle over hebben. Zeker als je van jezelf verwacht dat je normaal gesproken zo snel mogelijk reageert op een inkomend bericht, kan mail behoorlijk stressvol zijn. Eigenlijk is e-mail een soort extra to-dolijst, maar dan beheerd door andere mensen – niet bepaald een goed idee voor je werkdruk.

In een Canadees onderzoek naar de invloed van e-mail op stress werden deelnemers twee weken lang gevolgd. Er werd bijgehouden hoe vaak ze hun mail checkten, hoe gestrest ze waren en hoe gelukkig ze waren. In de ene week kregen de deelnemers de opdracht om precies zo bezig te zijn met hun mail als ze normaal ook deden. In deze week bekeken de deelnemers gemiddeld vijftien keer per dag hun mailbox. In de andere week kregen ze de opdracht om hun mail maar drie keer per dag te checken: 's ochtends aan het begin van hun werkdag, rond de lunch en aan het einde van de dag. Uit de resultaten bleek dat het deelnemers niet lukte om zich aan de opdracht te houden: in plaats van de voorgeschreven drie keer keken ze gemiddeld ongeveer vijf keer naar hun mail. Dit was nog steeds tien keer minder dan in de week waarin ze geen restricties hadden op het bekijken van hun mail. Bovendien bleek dat de werknemers in de week met beperkte toegang tot hun mail minder stress ervoeren en gelukkiger waren.

Workaholics

Gaat jouw werk voor alles, en gaat dat soms ten koste van je gezondheid? Je bent zeker niet de enige. Uit ons werk halen we onze eigenwaarde, ons zelfvertrouwen en onze betekenis. Het bepaalt onze status, zorgt voor erkenning en is het medium waarmee we onze stempel op de wereld zetten. Ons werk is ontzettend belangrijk voor ons, en daarom gaan we er dikwijls voor door het vuur, met vermoeidheid, drukte en stress als gevolg.

Natuurlijk werk je hard en laat je graag je commitment zien, maar gaat je werk eenmaal ten koste van je welzijn, dan zijn de gevolgen groot. Je werkverslaving aan banden leggen is dan vaak noodzakelijk: 'nee' durven zeggen wanneer iets niet goed uitkomt, de grenzen van je vrije tijd bewaken, buiten werktijd je werktelefoon uitzetten en je mail zoveel mogelijk mijden. Zo zorg je dat je hard werkt én voldoende tijd hebt om te ontspannen. Het leven is immers al druk genoeg.

Ons werk is tegenwoordig dus zo stressvol omdat:

- we meer overwerken en meer in onze vrije tijd bezig zijn met werk;
- de normen over wanneer je aan het werk bent en wanneer niet verdwenen zijn;
- we vinden dat we altijd bereikbaar moeten zijn;
- er op ons werk steeds meer inzet en kennis van ons wordt verwacht;
- ons werk vrijwel altijd aan het veranderen is, en mensen verandering vaak stressvol vinden;
- we een groot deel van onze tijd besteden aan mailen, ook wanneer dat ons afleidt van onze daadwerkelijke prioriteiten.

HOOFDSTUK 2 • ALTIJD HAAST

Stel, je zit 's avonds op de bank. Plotseling hoor je een enorm kabaal. Als je uit het raam kijkt, zie je dat vlak voor je huis een ufo is geland. Er gaat een luik open en er komt een groene alien uit, die naar je voordeur loopt en aanbelt. Wanneer je stomverbaasd opendoet zegt hij: 'Ik kom in vrede. Maar je moet me wel helpen.' Hij legt uit dat hij om heel onwaarschijnlijke maar toch plausibele redenen zijn leven moet vullen met *zoveel mogelijk* stress. Welk advies zou jij deze alien geven?

Deze vraag stel ik vaak tijdens lezingen of workshops. Meestal moeten de toehoorders even nadenken en komen ze met een aantal voor de hand liggende antwoorden: 'Geef hem een telefoon waarop hij de hele tijd gebeld wordt en berichtjes krijgt', 'Laat hem fietsen door het centrum van Amsterdam' of 'Geef hem veel te hoge targets, onhaalbare deadlines en een volle to-dolijst'.

Wanneer ik doorvraag komen dan ook een aantal diepere oorzaken van de stress in ons leven naar voren: te veel willen in te weinig tijd en hoge eisen stellen aan onszelf en teleurgesteld zijn als we daar niet aan kunnen voldoen. Ook jezelf steeds vergelijken met anderen die meer succes hebben is een goede manier om de stress te maximaliseren.

Uiteindelijk is het advies aan de alien meestal ongeveer dit: om zoveel mogelijk stress te ervaren, moet je vooral proberen veel te veel in je leven te proppen, je tijd en energie consequent aan de verkeerde dingen besteden en boos op jezelf worden als je niet aan je eigen eisen kunt voldoen. Dat is uitstekende manier om je leven te vullen met veel te veel stress.

Gek genoeg volgen velen van ons nou net dit advies op. We vinden het inmiddels volkomen vanzelfsprekend om 'alles uit het leven te halen wat erin zit', ook buiten ons werk. We zijn gewend aan een vol hoofd, een volle agenda en een volle to-dolijst. Dikwijls halen we ons te veel op de hals: rust is geen prioriteit. En als het even minder druk is, hebben we het idee dat we onverdiend aan het luieren zijn. We willen onze tijd het liefst zo nuttig mogelijk besteden en bovenal zijn we doodsbang om iets belangrijks te missen. Het voorspelbare gevolg: stress en drukte.

Ook in ons dagelijks leven zijn we er goed in geworden om de drukte op te zoeken. Dit hoofdstuk gaat over de aspecten die ervoor zorgen dat ons leven zo fokking druk is.

FOMO

Als je een beetje op mij lijkt, zit je agenda normaal gesproken stampvol. Naast mijn 'gewone' werk heb ik vaak een aantal projecten waar ik me mee bezighoud (het schrijven van een boek, het opzetten van een bedrijf). Ook uit mijn vrije tijd probeer ik alles te persen wat erin zit: muziek maken, sporten, boeken lezen, leuke dingen doen met vrienden en een stuk of wat feestjes per week aflopen. Heb ik vakantie, dan komt er een zorgvuldig opgespaard lijstje tevoorschijn met activiteiten en boeken waar ik normaal gesproken niet aan toekom – daar heb ik nu eindelijk tijd voor! Blijf ik dan doordenderen, dan protesteert mijn lichaam, lopen de plannen in de soep en ik moet me erbij neerleggen dat het anders loopt dan ik wil. Achteraf gezien kan ik me wel voor mijn hoofd slaan: waarom trap ik toch elke keer weer in de valkuil van te veel willen?

Ik kan me de laatste keer dat ik níét druk was amper meer herinneren, en ik ben daar niet de enige in. We zijn niet bescheiden in wat we tegenwoordig van het leven verwachten. We willen graag rijk, succesvol, gelukkig, gezond, creatief, sportief, aantrekkelijk en sociaal vaardig zijn, en een zo interessant mogelijk leven leiden. Als we niet succesvol zijn op al deze gebieden, dan vinden we onszelf niet geslaagd. We hebben het gevoel dat we buiten de boot vallen en tekortschieten.

Want we willen dit niet alleen allemaal, we hebben ook nog eens het idee dat het kán. In de media zien we vooral voorbeelden van winnaars: mensen die supersuccesvol zijn, met een hagelwitte lach en een platte buik. En we hoeven onszelf niet eens te vergelijken met celebrities: na een kwartiertje kijken op Facebook, Instagram of LinkedIn kun je je moeilijk aan de indruk onttrekken dat iedereen even gelukkig en succesvol is en een o zo interessant leven leidt. Iedereen, behalve jij. Want hoe perfecter de levens van anderen eruitzien, hoe meer we ons eigen leven beschouwen als incompleet. Van de levens van anderen zien we alleen de mooie buitenkant, maar van onszelf ook de onzekere binnenkant. We voelen ons daarom al snel tekortschieten.

Gelukkig heeft de markt hier een oplossing voor: je kunt je akelige gevoel van tekortkomen weg consumeren. Schaf je product X aan, dan zal het geluk je toelachen – zo wordt het je althans voorgespiegeld. Door spullen te kopen kun je problemen oplossen en je leven verrijken. Niet gek dat we nogal eens vast komen te zitten in wat psycholoog Ap Dijksterhuis de ‘hedonistische tredmolen’ noemt. We hebben het druk met het consumeren van spullen waarvan we verwachten dat ze ons gelukkig zullen maken. Deze spullen spiegelen ons die belofte van geluk voor. Maar in de praktijk voelen we ons al snel na deze *buyer's high* weer precies hetzelfde. Als je die glimmende, bloedsnelle laptop koopt, kan dat de eerste paar dagen zorgen voor een flinke dosis geluk, elke keer dat je hem aanzet, maar na een week ben je er al weer aan gewend. Op zoek naar weer zo'n gevoel van betekenis, gaan we op zoek naar méér: wanneer het kortstondige genot van onze aankoop is vervlogen, hebben we onze blik alweer op het volgende gericht. Zo hollen we, als een metaforische hamster in een tredmolen, van product naar product, in de hoop dat dat ons leven zal verrijken.

Niet alleen op het gebied van spullen komen we in zo'n tredmolen terecht. Op een dergelijke manier consumeren we ook ervaringen. Belevenissen – van bruiloften tot vakanties en van feesten tot festivals – zijn immers ook een soort product geworden. Het idee is dat je alles kunt meemaken en daarom ook alles móét meemaken, om erbij te horen of simpelweg om niets te missen. Daarom proppen dus we niet alleen ons werk maar ook nog eens onze vrije tijd vol met zoveel mogelijk sportieve en sociale bezigheden. We zijn ons zo bewust van het grote aanbod aan interessante activiteiten dat we bang zijn om een ervaring te missen. We lijden tegenwoordig aan FOMO: *Fear Of Missing Out*. En zijn we dan bij een van onze vele activiteiten gearriveerd, dan vragen we ons meteen af: zou het ergens anders niet veel leuker zijn?

Onze oplossing is om te proberen álles te doen, of in ieder geval onze tijd zo efficiënt mogelijk in te delen zodat we er zoveel mogelijk uit halen. Als ik om half tien, na mijn yogales, direct naar vriend Diederik fiets om een uurtje te hangen, kan ik op de terugweg nog net even mijn neus laten zien op de borrel van Sofie, en voordat ik ga slapen, kan ik toch nog even de nieuwste aflevering van *Game of Thrones* meepakken.

Het klinkt als een goede oplossing, waarmee je álles meemaakt en ál je doelen behaalt, maar toch is dit bepaald niet de meest werkzame strategie. Al dat geplan kost immers veel denkwerk en zorgt ook voor een bijna permanente gejaagdheid. Het zorgt ervoor dat we de hele tijd op de klok zitten te kijken. Na die yogales erger je je aan degene voor je in de douche; je moet dóór! Bij Diederik zit je met je telefoon in je hand, omdat je het bezoek aan de borrel van Sofie moet coördineren. Bij de borrel hou je dan je jas maar aan, want je bent er toch maar voor even. Als je dan eindelijk op de bank zit, vallen bij de openingsscène van de serie je ogen van vermoeidheid dicht.

Ons plangedrag zorgt meestal niet voor het gewenste resultaat. Om de organisatie van deze avond voor elkaar te boksen, ben je waarschijnlijk zoveel bezig geweest met je planning, dat je vergeten bent om te ontspannen. Je bent vooral bezig geweest om te komen op de plaats waar je nog niet was, zodat je bent vergeten om te *zijn* op de plaats waar je wél was. De haast vanwege je overvolle planning heeft waarschijnlijk de ervaringen zelf verstoord. In onze ijver om overal bij te zijn, lukt het dikwijls niet om de dingen die we doen bewust mee te maken. Het klinkt misschien aantrekkelijk om te proberen alles in je agenda te proppen, maar je bereikt er vrijwel nooit het gewenste resultaat mee. Vrije tijd is immers ook bedoeld om te ontspannen en te herstellen, en dat lukt niet als je agenda overvol zit.

'Alles tegelijk' is een recept voor stress. Je zult dus strenge keuzes moeten maken. Waar gaat op welk moment je aandacht naar uit? Misschien ga je dinsdagavond naar Diederik, en heb je met hem de tijd om een echt gesprek te voeren. Sofie komt, hoe leuk zo'n borrel ook is, volgende week wel weer. Misschien lukt het om na je yogales op donderdag een aflevering *Game of Thrones* te zien, maar alleen als je nog genoeg energie hebt, anders kan het wachten. We kunnen er nog zo'n angst voor hebben, maar *missing out* is onvermijdelijk. In de woorden van Martin Bril: 'Je mist meer dan je meemaakt. Helemaal niet erg.'

Overklokken

Met de computers van vijftien jaar geleden was het mogelijk om de processor op te voeren. Door de tijdsinstellingen van de computer te veranderen, kon je het systeem wijsmaken dat de tijd sneller ging dan daadwerkelijk het geval was. Dit noemde je 'overklokken'. Het zorgde ervoor dat de computer veel sneller ging werken dan waar hij voor gemaakt was. Het werkte geweldig, alleen ging je computer veel minder lang mee. En je moest je computer extra koelen, omdat de processor anders in de fik zou kunnen vliegen.

In ons huidige leven proberen we de klok ook te slim af te zijn. We proberen zoveel mogelijk leven uit onze tijd te knijpen. We volgen vaak een voorspelbare cyclus van heel hard werken, heel hard leuke dingen doen en vervolgens heel hard ontspannen en 'detoxen'. Als het maar heel hard is.

We zoeken tien manieren om snel af te vallen, en in plaats van een goed verhaal op te bouwen doen we liever een elevatorpitch*. Topchef Jamie Oliver ging onlangs van zijn serie van '30-minute meals' over op '15-minute meals', best tekenend voor de haast die we tegenwoordig hebben. We doen aan timemanagement om meer werk te kunnen doen in nog kortere tijd. De tijd die we 'kwijt' zijn aan bijvoorbeeld reizen,

* Een elevatorpitch is een verkooppraatje dat even kort duurt als een ritje met de lift: alle tijd die je van die belangrijke persoon krijgt om je verkooppraatje te doen.

vullen we op slimme wijze met andere taken. We gaan steeds meer lijken op de personages uit onze favoriete tv-series. Die hebben altijd energie, doen altijd heel belangrijke dingen en staan altijd 'aan'. Je ziet ze nooit eens uitgeteld op de bank liggen.

Het kan altijd sneller, beter, efficiënter en we voelen ons dus per definitie tekortschieten. Maar de strijd tegen de tijd verliezen we altijd. De klok tikt toch wel door, hoe hard je ook probeert om hem te slim af te zijn. Tijd, die kun je maar één keer uitgeven. Ben je het kwijt, dan krijg je het nooit meer terug. In de woorden van auteur Seth Godin: '*You can't save up time. You can't refuse to spend it. You can't set it aside. Either you're spending your time, or your time is spending you.*'

Onze tijd op aarde is eindig. Afhankelijk van hoe lang je zult leven, heb je maar een bepaald aantal uren te besteden. Als je 88 wordt, bestaat je leven in totaal uit ongeveer 750.000 uren. De eerste twintig jaar van je leven – met een totaal van 175.000 uren – ligt als je dit boek leest hoogstwaarschijnlijk al achter je. Een lange carrière van 48 werkjaren, waarin je afgezien van de weekenden acht uur per dag werkt, zorgt voor een totale werktijd van 100.000 uur. Gaan we ervan uit dat je ongeveer de helft van je tijd besteedt aan noodzakelijk onderhoud (slapen, eten, sporten, toiletteren, boodschappen doen, forenzen) dan betekent dat dat je nog ongeveer 100.000 uren over hebt voor al het andere: tijd met familie, vrienden en geliefden, boeken die je wil lezen, reizen die je wil maken en dingen die je wil leren. Je hebt dus nog 100.000 uren die je kunt besteden aan je relaties, je eigen ontwikkeling en alle andere dingen die je leven de moeite waard maken. Hoe denk je nu over die gemiddeld twee uur per dag (of over een mensenleven: vijf jaar en vier maanden) die je volgens de statistieken per dag kwijt bent aan social media?

Verdeling van de tijd in je leven

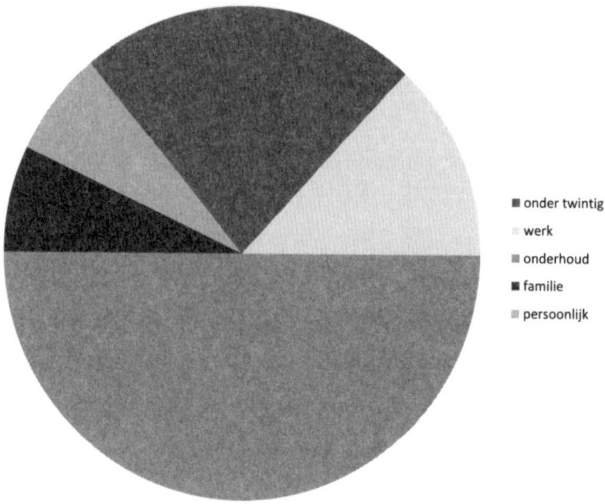

52 Ook voor je tijd zou je een strak budget kunnen hanteren. Dat betekent niet dat je altijd 'op je tijd' moet gaan zitten en er krenterig mee moet doen, maar wel dat je van tevoren een plan moet hebben voor het besteden van je tijd. Sommige dingen doe je wel (en neem daar dan ook de tijd voor!) en andere dingen laat je zitten omdat ze even niet in je tijdsbudget passen.

Er zitten 168 uren in een week. Laten we zeggen dat je daar 56 van slaapt en nog eens 32 besteedt aan noodzakelijk onderhoud: koken, eten, wassen, schoonmaken. Met een fulltime werkweek ben je 40 uur aan het werk. Dat betekent dat je 38 uur over hebt voor al het andere: tijd doorbrengen met familie en vrienden, qualitytime met je geliefde, sporten, hobby's, lezen, shoppen, doe-het-zelven, mediteren, muziek maken, etc. En ja, hier vallen ook de uren op Instagram, Facebook, WhatsApp, Snapchat en Netflix onder.

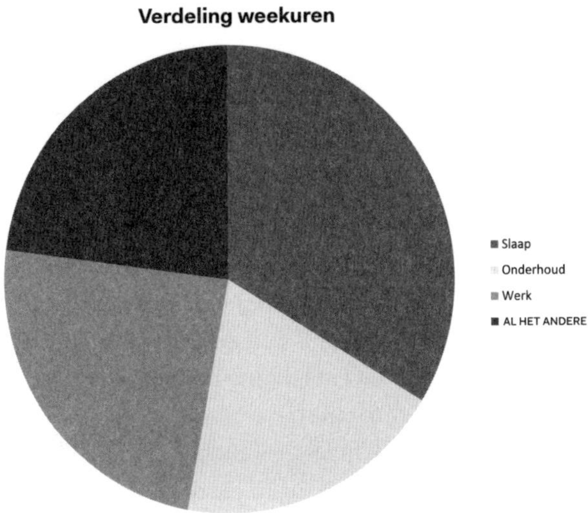

Maak een tijdsbudget. Waaraan besteed jij de uren van je week? Als het helpt, stel je dan voor dat je tijd 250 euro per uur waard is. Wat zou je dan de moeite waard vinden om je tijd aan te besteden? Wat is een verstandige investering van je tijd? Wat is bij nader inzien je tijd niet waard?

Er is maar een beperkt aantal uren in de week die je kunt besteden aan de dingen die je belangrijk, aangenaam of interessant vindt. Te veel in die tijd proppen (en dus niets écht doen) – of alleen bezig zijn met wat 'moet' of 'hoort' – is een goede manier om je kostbare tijd te verspillen. Je kunt beter minder dingen goed doen, dan heel veel dingen half.

Keuzestress

Sinds ik een abonnement op Netflix heb, loop ik regelmatig tegen het volgende probleem aan. Heb ik een serie afgerond, dan begint een eindeloze zoektocht naar wat ik hierna zal gaan kijken. Gedurende een kwartier scroll ik enthousiast langs alle verschillende interessante series en films. Ik selecteer er een paar voor mijn lijst, en probeer vervolgens uit al het aanbod een keuze te maken. Héb ik eindelijk gekozen, dan zet ik de serie doorgaans na een paar minuten weer af. Omdat ik deze serie heb uitverkoren boven alle andere, moet hij ook wel briljant zijn – maar dat is zo'n serie helaas hoogst zelden. Dus probeer ik maar een andere, en vervolgens nog een andere, tot ik denk: laat maar! De eindeloze hoeveelheid opties maakt het bijna onmogelijk om een keuze te maken. Ik zet dan vaak maar weer een serie op die ik al heb gezien.

Elke dag maken we honderden keuzes. Van bijna triviale consumentenvraagstukken (Neem ik een boterham of een banaan bij het ontbijt? Welke serie kijk ik vanavond?) tot ingrijpende levensbeslissingen (Blijf ik hier wonen? Ga ik solliciteren op een andere baan?) en alles daartussenin. Het maken van al die keuzes levert regelmatig stress op. Er is zelfs een woord voor: 'keuzestress'.

Dit komt door wat psycholoog Barry Schwartz de 'Paradox van Keuze' noemt. De paradox is als volgt: we hebben het idee dat méér keuze hebben altijd positief is. Als je zelf mag kiezen, dan kun je voor de optie gaan die voor jou het allerbest is en dat draagt bij aan je levensgeluk en je welzijn. Volgens Schwartz klopt dit echter in de praktijk niet. In deze gedachtegang mist namelijk een belangrijke factor: hoeveel tijd je kwijt bent aan het maken van al die keuzes. Hoe meer opties er zijn, hoe langer je met een keuze bezig bent, en hoe moeilijker de keuze wordt. Wanneer je te veel keuzes hebt, leidt dat juist vaak tot meer stress, minder goede keuzes en zelfs tot de neiging om níét te kiezen.

Het is voor ons hoofd vaak behoorlijk belastend om zo'n keuze te maken. Heb je de keuze tussen bruin brood en wit brood, dan is deze keuze nog tamelijk eenvoudig. Maar wanneer je naast wit en bruin ook nog kunt kiezen voor volkoren, mais, zonnebloempit, spelt, ambachtelijk, vezelrijk, glutenvrij, zoutarm, grofgesneden, fijngesneden of ongesneden, wordt het al een stuk ingewikkelder. Het veronderstelt dat je de opties tegen elkaar kunt afwegen op basis van door jou bedachte criteria. Maak je je keuze op basis van smaak, van prijs, of kies je wat het best is voor je gezondheid? Lukt het je om in dit woud van criteria en opties een keuze te maken? Gefeliciteerd! Leg je brood dan maar in je mandje, je hebt nog 99 beslissingen te nemen vandaag.

Op deze manier kun je een groot deel van je dag bezig zijn met kiezen. Als je nu op zoek bent naar een nieuwe broek, kun je kiezen uit wel 500 opties. Je kunt de broek volledig customizen naar je eigen inzicht. Maar het is nog maar de vraag of zo'n zorgvuldig uitgedokterde broek alle tijd die je eraan moet besteden wel waard is. En er is weinig bewijs dat we van zo'n precies op onze eigen eisen gemaakte broek ook daadwerkelijk gelukkiger worden.

Mensen verschillen van elkaar in hoe ze keuzes maken: ze hanteren verschillende strategieën. Zogenaamde *maximizers* proberen om bij een keuze de best mogelijke optie te selecteren. Zorgvuldig wegen ze alle beschikbare opties tegen elkaar af, bedenken voor- en tegenargumenten en dubben over wat ze precies willen. De vraag die maximizers zich stellen is: Is dit de allerbeste optie? Alles meegerekend, wat is dan de ideale broek? Dit is een hele doeltreffende methode – je eindigt immers altijd met de ideale keuze – maar vaak bepaald niet de meest efficiënte. Maximizers zijn het soort mensen dat je in een toeristische stad ziet lopen op zoek naar het restaurant met de allerbeste prijs-kwaliteitverhouding, dat altijd nét om de hoek zou moeten zitten. Heeft de maximizer uiteindelijk een restaurant gekozen, dan is hij of zij vaak hartstikke chagrijnig door zijn dramatisch gedaalde bloedsuikerspiegel.

Hiertegenover staat de *satisficer*: de meester in de snelle beslissing. De satisficer neemt op basis van een aantal criteria over het algemeen snel een beslissing die 'wel best' is. Zijn vraag bij een keuze is: Is deze optie goed genoeg? Voldoet deze broek enigszins aan mijn criteria? Met deze strategie lukt het bijna nooit om de ideale optie te kiezen – niet alle mogelijkheden zijn immers uitgebreid geëvalueerd – maar wel om een keuze te maken waar de satisficer tevreden mee is. Bovendien heeft satisficen een groot voordeel: je bent vaak véél sneller klaar omdat je niet alle opties hoeft te vergelijken. De keuze die je maakt is over het algemeen best prima, en je bent er een stuk sneller uit.

Uit onderzoek blijkt dat maximizers minder vaak gelukkig, optimistisch en tevreden zijn en vaker depressief of perfectionistisch zijn en vaker spijt hebben dan satisficers*. Dit is logisch te verklaren: als de vraag steeds is 'Is dit de allerbeste keuze?', dan kan de keuze uiteindelijk alleen nog maar tegenvallen.

Houd gedurende een dag bij welke beslissingen je neemt en hoe je dat aanpakt. Bij welke keuzes maak je gebruik van een maximizer-strategie? Bij welke beslissingen ben jij een satisficer? Aan welke keuzes ben jij te veel tijd kwijt?

---

* Hierbij moet worden opgemerkt dat uit dit onderzoek geen oorzaak-gevolgrelatie kan worden opgemaakt.

De oplossing voor het keuzeprobleem is niet om consequent een satisficer-strategie toe te passen. Sommige keuzes (waar je wil werken, wat je wil studeren, de keuze voor een financiele strategie) zijn hier immers te groot voor. Deze keuzes zijn van zo'n groot belang dat het voor de hand ligt om de opties goed te onderzoeken en tegen elkaar af te wegen voordat je de uiteindelijke beslissing neemt. Maar zeker niet alle keuzes die we maken lenen zich voor een maximizer-strategie. Het leven zit vol triviale keuzes. Al die keuzes die we dagelijks maken kosten bij elkaar ontzettend veel denkkracht en eisen allemaal ruimte op in je hoofd.

Het is dus handig om je bij een keuze steeds de vraag te stellen: Om welke keuzestrategie vraagt dit? Moet ik hier écht zo goed over nadenken, of is een snelle keuze op zijn plaats? Wees niet bang om bij minder belangrijke keuzes te kiezen op snelheid, in plaats van die ene Ultieme Optie te vinden. Onlangs was ik in een restaurant met zo'n uitgebreide menukaart dat er een inhoudsopgave was. Alleen al het lezen van de verschillende opties had me ongeveer een halfuur gekost. In plaats daarvan vond ik op een willekeurige pagina een keuze die me 'wel prima' leek – ik was in twee minuten klaar. Als je weet wanneer je een perfecte maar trage keuze moet maken en wanneer een snelle, 'prima' keuze volstaat, kan dat je een hoop keuzestress schelen. Weeg hierin ook mee hoeveel van je kostbare tijd je aan een keuze wilt besteden.

Met al onze digitale documentatie, reviews en prijsvergelijkingssites is het makkelijk om je te verliezen in het maken van een keuze. Er is altijd méér informatie te vinden. Volgens booking.com kun je, als je een weekendje naar Parijs wil, kiezen uit 1445 verschillende slaapplaatsen, elk met eigen voor- en nadelen. Je kunt gerust een halve dag bezig zijn met vergelijken. Het is daarom handig om een tijdslimiet in te stellen op basis van hoe belangrijk je de keuze vindt: Ik wil maximaal twee uur bezig zijn met het researchen van mijn vakantie; als mijn wekker gaat, kies ik voor de beste optie die ik dan heb gevonden. Of: Het maakt me niet zoveel uit welk servies ik koop, dus ik wil er in een halfuur mee klaar zijn.

Weten wanneer een keuze wel of niet de moeite waard is om lang bij stil te staan, is een makkelijke stap naar een rustiger leven. De Perfecte Keuze – als deze al zou bestaan – is de tijdsinvestering doorgaans niet waard.

De dictator in je broekzak

Stel dat iemand uit de jaren '50 met een tijdmachine uit zou stappen in het centrum van het huidige Amsterdam. In compleet *fifties*-tenue loopt hij een rondje door het centrum. Wat zou hem het meeste opvallen aan het straatbeeld? Misschien het overschot aan reclamebeelden en beeldschermen waarop continu informatie wordt geprojecteerd. Misschien de vele auto's die een stuk minder geluid produceren dan in zijn tijd. Maar waarschijnlijker lijkt me dat onze jaren '50-man zich zal verbazen over het feit dat we tegenwoordig een mobiele telefoon hebben waar we elke paar minuten op kijken. 'De moderne mens heeft kennelijk een zwart rechthoekje in zijn broekzak, soms met draadjes naar de oren', zo zou hij kunnen concluderen, 'Afgaand op hoe vaak hij er op kijkt moet het wel zijn meest waardevolle bezitting zijn.'

Stel dat je deze nieuwsgierige tijdreiziger vervolgens met gepaste trots zou vertellen over het wonder van techniek dat onze mobiele telefoon is. 'Zo'n ding is superhandig, want je kunt op elk moment contact krijgen met iedereen op de wereld, en je ziet het meteen als je bent gebeld of een bericht van iemand hebt!' leg je enthousiast uit. Waarop de tijdreiziger waarschijnlijk even zou moeten nadenken en vervolgens zou vragen: 'Waarom zou je dat precies willen?'

We gebruiken de kleine, glimmende supercomputer* in onze broekzak voor alles. Het is ons boodschappenlijstje, onze correspondentie met de buitenwereld, onze stappenteller, ons amusement, onze routeplanner, onze wekker, onze nieuwsbron, onze soundtrack en nog heel veel meer. Maar er zit ook een gemeen kantje aan dit apparaat. Hij gedraagt zich soms als een kleine dictator. Hij dwingt te pas en te onpas onze aandacht af. Piep! Een mail! Piep! Een bericht van je vriend Ruud! Piep! Iemand heeft je uitgenodigd om een spel te spelen met boerderijdieren! Een nieuwe potentiële levenspartner! Waarom heb je me de laatste update nog niet gegeven? Piep! Piep! Wanneer ga je dat doen dan?

Aan onze slimme glimmende rechthoekje zijn we inmiddels zelfs behoorlijk verslaafd geraakt. Volgens recent trendonderzoek kijken we gemiddeld ongeveer 150 keer per dag op onze telefoon. Volwassenen brachten in 2017 gemiddeld bijna drie uur per dag op hun telefoon door. En dat is gemiddeld, dus inclusief mijn oma die misschien een paar minuten per dag aantikt. Niet verwonderlijk dus dat de gespendeerde tijd van adolescenten (18-24 jaar) op hun telefoon veel hoger is: die kan oplopen tot tussen de 8 en 10 uur in sommige schattingen. In de aanloop naar dit boek heb ik mijn eigen schermtijd bijgehouden met een app, Moments. Met een gemiddelde van één uur en veertig minuten per dag kom ik ruim ónder het gemiddelde terecht, wat misschien niet zo verwonderlijk is voor iemand die een boek schrijft over stress. Maar toch, volgens de app spendeer ik daarmee 11% van mijn wakkere tijd met mijn neus op mijn schermpje en grijp ik gemiddeld een schrikbarende 46 keer per dag naar mijn telefoon.

* In de tekst gaat het over je 'telefoon', maar eigenlijk had er ook kunnen staan: je laptop, tablet – of wat voor apparaat waarmee jij geregeld online bent dan ook.

Installeer de app Moments (of een vergelijkbare app) op je telefoon. Laat deze gedurende een week je telefoongedrag tracken, als je durft...

We gebruiken onze telefoon voor álles. Als we even verveeld dreigen te raken, grijpen we naar het apparaat voor ons vermaak. Over straat lopen wordt zo een vervreemdende ervaring als je kijkt naar de mensen om je heen: ongeveer de helft van de mensen kijkt naar zijn telefoon, is aan het bellen via oordopjes of zit op een andere manier ingeplugd in de Matrix. We lijken wel verliefd op het apparaat en kijken het vaker in de ogen dan onze geliefden (mensen kijken elkaar sowieso een stuk minder aan sinds de komst van mobieltjes, een feit om verdrietig van te worden). Voor de meeste mensen is het scherm van hun telefoon vaak het eerste wat ze zien als ze 's ochtends wakker worden. Artsen maken zich inmiddels zelfs grote zorgen over onze houding: onze neiging om naar beneden op ons scherm te kijken, bezorgt ons tegenwoordig steeds vaker nekklachten.

De echte toets van een verslaving is: kun je ook nog zonder? In een experiment op een Amerikaanse universiteit werden studenten willekeurig verdeeld over twee groepen: een telefoon-weg-groep en een telefoon-op-stil-groep. In de eerste groep werd de studenten gevraagd om hun telefoon in te leveren bij de onderzoekers. In de tweede groep mochten de studenten hun telefoon bij zich houden, maar dan op stil en in hun tas. Zij werden verzocht om tijdens het experiment niet op hun telefoon te kijken en deze in hun tas te laten zitten. De studenten moesten elke twintig minuten een vragenlijst invullen over hun angstniveau. Uit de resultaten bleek dat binnen beide groepen de gemiddelde tot fanatieke telefoongebruikers gedurende het experiment steeds banger werden. Dit effect was in de telefoon-weg-groep significant groter dan in de telefoon-op-stil-groep. Met andere woorden: we trekken het dermate slecht om van onze telefoon gescheiden te worden dat we ervan in paniek raken.

Dat we verslaafd zijn heeft ook een andere verklaring. Uit hersenonderzoek blijkt dat we bij elke notificatie een klein beetje dopamine* aanmaken. Dit geeft ons een klein geluksgevoel wanneer we naar onze telefoon grijpen, en dit maakt dat we er maar moeilijk vanaf te slaan zijn. We hebben meer aandacht voor onze *fix* dan voor ons voedsel, onze slaap of ons sociaal contact. Geen wonder dat de nieuwste hype op het gebied van reizen een telefoondetox is in een luxeresort waar ze bij aankomst je telefoon in beslag nemen, inclusief praatsessies over de afkickverschijnselen.

Voor onze telefoonverslaving hebben we natuurlijk het ultieme excuus: we hebben hem voor onze moderne manier van leven gewoon nódig. Onze telefoon is onderdeel geworden van hoe we de wereld ervaren – een soort verlengstuk van ons lichaam. Hij zorgt ervoor dat we voortdurend up-to-date zijn wat betreft belangrijk nieuws, dat we even snel iets kunnen regelen en dat ons leven loopt zoals het moet. Net zoals bij andere verslavingen bagatelliseren we de nadelen: het valt wel mee hoe slecht het is, en bovendien: iedereen doet het!

Maar nee, het valt niet mee. Onze telefoon is misschien wel de grootste veroorzaker van stress in ons leven. Facebook, WhatsApp, Instagram en Tinder hebben ons met hun vrolijke pushberichten stevig in de houdgreep. Dit begint ernstige consequenties te krijgen voor onze gezondheid. De focus op onze telefoon verstoort ons concentratievermogen.

* Hierbij maakt het overigens niet eens uit of het een belangrijke notificatie is of niet. Een notificatie van een aanstaande update is voor dit dopamine-systeem hetzelfde als een bericht van Die Ene...

De apparaten zijn ook nadelig voor ons sociaal contact: het blijkt zelfs dat een telefoon die in het zicht op tafel ligt, slecht is voor de kwaliteit van een gesprek dat je voert – hiervoor hoeft hij nog niet eens af te gaan. Het apparaat draagt met zijn gepiep en gezoem bij aan de onrust en stress in ons leven: 'Reageer op mij, kijk naar mij, NU!' Het is zo verslavend dat we gemakkelijk alle tijd die we anders zouden hebben voor het *uitzetten* van ons hoofd – tijdens een wandeling of tijdens het wachten op de trein – nu vullen met onze telefoon. Mijn moeder had ongelijk: van veel naar een scherm kijken krijg je geen vierkante ogen. Je krijgt er wel een permanent onrustig hoofd van...

Voor de stress die hoort bij de hele dag online zijn, bestaat een woord: 'technostress'. Hiermee wordt de onrust bedoeld die hiervan het gevolg is voor je lichamelijke en geestelijke gezondheid. De negatieve kanten van technostress hebben we zelf amper door: we zijn immers met ons hoofd alweer verdwenen in de volgende impuls.

Doordat we het idee hebben dat we wel bereikbaar moeten zijn, laten we ons op ieder moment door onze telefoon storen. We worden misschien niet elk moment onderbroken door onze telefoon, maar de mogelijkheid is er altijd. Het spook van de technologie kan zo op elk moment toeslaan.

Mediawetenschapper Douglas Rushkoff geeft in zijn boek *Present Shock* het volgende voorbeeld: stel dat je met je kinderen in het park bent. Je telefoon gaat en je ziet dat je buurman belt. Je bent nu juist in het park omdat je wat tijd wilt doorbrengen met je kinderen, dus je ziet de oproep maar besluit niet op te nemen. Maar terwijl je met je koters door het groen loopt, merk je dat er een stemmetje is gaan praten ergens in je hoofd. Waarom belde de buurman? Zou er iets mis zijn? Op deze manier ben je in je vrijheid gestoord, zelfs al heb je ervoor gekozen om de oproep te negeren. Onze telefoon beheerst ons leven nog meer dan we zelf doorhebben.

Tot zover het slechte nieuws. Dan nu het goede nieuws: het is niet zo moeilijk om jezelf tegen de negatieve invloeden van je telefoonverslaving te verdedigen. Je moet het alleen wel wíllen. Er is namelijk een sprong in het diepe voor nodig: minder gestoord worden betekent ook minder bereikbaar zijn. En juist dat is nu net zo lastig, zoals we zagen in het onderzoek met de studenten.

Als je minder stress wilt in je leven, is het echt niet noodzakelijk om je smartphone in te ruilen voor zo'n oude Nokia die je maar één keer in de week hoeft op te laden (al ken ik mensen die bij hun oude 3310 zonder toeters en bellen zweren). Het is wel nodig om je idee van bereikbaar zijn te veranderen: niet je telefoon bepaalt wanneer je gestoord moet worden, jij bepaalt dat zelf. Je kunt je apps zo configureren dat je nergens meer pushberichten van krijgt. Zo voorkom je dat je aandacht gekaapt wordt doordat je een piepje hoort of doordat je broekzak trilt. Je krijgt alle informatie nog steeds, maar op het moment dat jij daarvoor kiest. Spreek met de mensen om je heen af dat ze je bellen wanneer iets haast heeft, en je een bericht sturen wanneer dat niet zo is. Stap uit drukke appgroepen waar je eigenlijk niet in wil zitten, dat mag gewoon! Of doe zoals auteur Timothy Ferriss, die zijn telefoon 's avonds op de vliegtuigstand zet, en deze pas weer aanzet wanneer de volgende ochtend zijn belangrijkste taken al zijn gedaan.

Wat zou jij aan je levensstijl kunnen veranderen om de gevolgen van technostress tegen te gaan? Welke stappen kun je zetten om minder afhankelijk te zijn van je telefoon en social media? En andersom: hoe kun jij zelf minder een stoorzender zijn voor anderen?

Regeldingetjes

Misschien herken je de volgende ervaring: in het weekend besluit ik niet naar mijn mailbox te kijken. Het is tenslotte mijn vrije tijd, en ik ben nu eenmaal zéér ruig, dus ik doe dat gewoon! Dit heldhaftige besluit houd ik zeker een ochtend vol. Tegen het einde van zaterdagochtend word ik onrustig en aan het begin van de middag laat ik me verleiden om toch even een kijkje te nemen in mijn inbox. Wat blijkt: er staat een bericht in dat mijn aandacht behoeft, maar dat niet vreselijk urgent is. Ik besluit pas maandag te reageren, dat lijkt me vroeg genoeg. Maar als ik eenmaal mijn laptop heb dichtgeklapt en het koffiezetapparaat aan het ontkalken ben (of een ander typisch weekendklusje, de kruiden in mijn keukenkastje op alfabetische volgorde zetten of zoiets), merk ik dat ik in mijn hoofd toch met het bericht bezig ben. Ik betrap mezelf erop

dat ik zelfs letterlijk een antwoord aan het formuleren ben.

Dit is een voorbeeld van wat men een 'cognitieve *loop*'* noemt, een gedachte die rondjes draait in je hoofd totdat je een bepaalde actie onderneemt. Eenmaal geopend blijft die *loop* doordraaien tot er een passende oplossing komt voor het probleem. Tot die tijd blijft hij actief in je achterhoofd en blijft hij je herinneren aan de actie die je nog moet ondernemen. Als je even je gedachten de vrije loop laat, worden die naar dit soort open *loops* getrokken. Ze laten je niet met rust, tot je een oplossing hebt gevonden, ook al ben je ergens anders mee bezig.

Heb je je wel eens afgevraagd of je thuis het gas wel goed had uitgedraaid na het koken, of de voordeur wel op slot hebt gedaan, terwijl je ergens anders was? Dan weet je hoe ijzerenheinig deze *loops* kunnen zijn. Ze laten je niet los tot je

---

* Ik hou in de tekst het (schuingedrukte) Engelse *loop* aan om verwarring te voorkomen.

het probleem adequaat hebt opgelost. Tot je actie hebt ondernomen is het vrijwel onmogelijk om je volledig ergens anders op te concentreren.

In ons dagelijks leven worden er regelmatig cognitieve *loops* aangezet. Een plots binnenkomende rekening opent er een, net als het idee dat je nog eieren moet halen bij de supermarkt of het oud papier moet wegbrengen. De ongelezen berichten in je inbox: allemaal potentiële *loops*. Elk appje dat je krijgt, ideetje dat je te binnen schiet of klusje dat je nog moet doen kan zorgen voor zo'n *loop*.

Wat hierbij niet helpt, is dat we tegenwoordig steeds meer dingen in ons leven zelf regelen. Een bankrekening openen, een verzekering afsluiten, verschillende vluchten met elkaar vergelijken in prijs, zelfs aangifte doen van je gestolen fiets bij de politie of onze belastingaangifte: we doen het tegenwoordig allemaal zelf. Het is makkelijker, het vergroot onze eigen mogelijkheden en het zorgt ervoor dat we minder afhankelijk zijn van organisaties, bedrijven en de overheid. Maar tegelijk zorgt het er ook voor dat we taken die voorheen bij iemand anders hoorden (de medewerker van de bank, het reisbureau) nu zelf op ons nemen, met al het (denk)werk van dien. Op een bepaalde manier zou je haast kunnen zeggen dat we een deel van onze tijd voor dergelijke organisaties wérken. Het reisbureau, dat ben jij.

Omdat het allemaal kleine taakjes zijn, valt de tijd dat we ermee bezig zijn in onze beleving best wel mee: een formuliertje hier, een kwartiertje googelen daar... Maar alles bij elkaar genomen gaat er een significant deel van onze tijd zitten in min of meer onnodig regelwerk. Niet alleen zijn we er een deel van onze tijd aan kwijt, ook zijn we er in ons hoofd mee bezig – het kost waardevolle denkkracht. En het zorgt weer voor van die zeurende oorwurmen in je hoofd: je cognitieve *loops*.

Het is een van de redenen dat de moderne tijd zo stressvol is: we lopen rond met veel te veel geopende cognitieve *loops* in ons hoofd. Een hoofd vol cognitieve *loops* is als een internetbrowser waarin vijftig tabs geopend staan. Op een gegeven moment loopt het werkgeheugen vol, gaat de boel trager werken en volgt er een crash. Het is nog prima te doen als er maar een handvol *loops* geopend zijn. Maar als je steeds twintig van die geopende oorwurmen hebt ronddraaien? Dan heb je voornamelijk het gevoel dat je de hele tijd iets móét en dat je achter de feiten aanhobbelt.

Je kunt de stress in je leven drastisch verminderen door het aantal *loops* dat tegelijk in je hoofd actief is te verminderen. Dit kun je bijvoorbeeld doen door als je ergens mee bezig bent, je zo min mogelijk door externe zaken te laten storen. Je telefoon op vliegtuigstand zetten, je mail niet openen en met je collega's afspraken maken wanneer je wel en niet gestoord wil worden, zorgen ervoor dat de kans kleiner wordt dat je zomaar wordt opgezadeld met een onverwachte *loop*. Het helpt ook om zaken zoveel mogelijk op te schrijven wanneer ze in je opkomen – uit je hoofd en op papier – zodat je jezelf niet hoeft helpen herinneren. Zo voorkom je zo'n stom stemmetje in je achterhoofd dat vraagt: 'Had ik mijn telefoonabonnement nou al stopgezet?' Staat een *loop* eenmaal op papier, dan kun je deze makkelijker loslaten.

Heb je er eenmaal een te pakken, dan is het zaak om de *loop* zo snel mogelijk weer te sluiten, door jezelf de vraag te stellen: Wat moet ik doen om dit probleem met de minste moeite op te lossen? Je zou hiervoor de tweeminutenregel van timemanagementgoeroe David Allen kunnen toepassen: kost iets twee minuten of minder, dan is het handig om dit meteen te doen. Voor de andere dingen: plan ze in voor een moment dat je er tijd voor hebt. Als je zeker weet dat het gedaan wordt, kun je de *loop* gemakkelijker sluiten.

Maak een overzicht van welke *loops* er op dit moment openstaan in je hoofd. Bedenk voor elke open *loop* wat ervoor nodig is om deze zo snel mogelijk te sluiten. Dit kan door er meteen mee aan de slag te gaan óf door een manier te bedenken waardoor je er later aan herinnerd zult worden en het dus nu los kunt laten.

Symptoombestrijding

Dat we het regelmatig te druk in ons hoofd hebben, kun je ook zien aan de populariteit van middeltjes om meer te ontspannen. Er worden aanbiedingsfolders vol detoxvakanties aangeboden tegen de stress uit ons dagelijks leven. Er is een wildgroei aan yogascholen en mindfulnesscentra. In de buurtsupermarkt kun je kiezen uit vijf verschillende soorten ontspanningsthee. Er zijn meerdere tijdschriften die je leren om bewuster te leven, en er zijn kleurboeken te koop die zijn gericht op volwassenen.

Echte rust in je hoofd krijg je helaas niet door een uurtje te kleuren met een kopje ontspanningsthee (al kan het vast geen kwaad). Een weekend detoxen is niet een oplossing voor de lange termijn, het is wat je noemt symptoombestrijding. Om écht te zorgen voor meer rust en een minder druk hoofd is meer nodig: het budgetteren van je tijd en duidelijke keuzes maken over waar je wel en niet je aandacht aan besteedt. We zouden er daarom goed aan doen om onze FOMO wat vaker te vervangen door FOBO: *Fear Of Burning Out.*

In het dagelijks leven kun je zorgen voor minder stress door:

- het idee los te laten dat je altijd alles mee moet maken;
- duidelijke keuzes te maken over wat je tijd waard is en wat niet;
- goed na te denken over welke keuzes het waard zijn om veel tijd aan te besteden;
- minder te luisteren naar de eisen van de dictator in je broekzak;
- zo min mogelijk toe te laten dat er regeldingetjes zijn die rondspoken in je hoofd – daar ben je al snel heel veel energie aan kwijt.

HOOFDSTUK 3 • DRUK ZIJN IS EEN KEUZE

Druk zijn is een keuze. Dit is waarschijnlijk niet wat je wil horen. Misschien gaan je nekharen ervan overeind staan. Wat? Beweert deze arrogante psycholoog nu dat ik er zelf voor heb gekozen om zo druk te zijn? Ja en nee. Natuurlijk is er niemand die je opbelt met de vraag: 'Zeg, wil jij stress in je leven?', waarop je ja of nee kunt zeggen. Je hebt niet willens en wetens een abonnement op drukte afgesloten bij een gewiekste straatverkoper. Het ligt gecompliceerder. Maar jij maakt de keuzes over hoe jij je leven wilt indelen. Jij bepaalt zelf hoeveel stress je in je leven toelaat. In die zin kies je er dus zelf voor om druk te zijn.

Hiermee is beslist niet gezegd dat druk zijn altijd de verkeerde keuze is. Sterker nog: er zijn duizenden goede redenen om ervoor te kiezen om druk te zijn: omwille van een succesvolle carrière, omdat jij je wilt ontwikkelen, omdat je jouw kinderen goed wilt opvoeden of omdat je het verschil wil maken in de wereld. Of een combinatie van al deze dingen. Soms moet je rust opofferen om te doen wat je moet doen.

Het kan ook zijn dat je druk bent vanwege bepaalde karaktereigenschappen of gewoontes. Bijvoorbeeld omdat je van jezelf verwacht dat alles wat je doet perfect is, of omdat je het idee hebt dat anderen dit van jou wensen. Je stressniveau hangt vaak samen met hoeveel je van jezelf verwacht – de eisen die je aan jezelf stelt – of met een verantwoordelijkheidsgevoel voor dingen die misschien helemaal jouw verantwoordelijkheid niet zijn: 'Ik ga die gezamenlijke vakantie wel organiseren, want anders gebeurt het niet!' Misschien heb je er moeite mee om 'nee' te zeggen tegen verzoekjes omdat je niet wilt dat anderen je onaardig vinden – een eigenschap waar nogal eens gebruik van wordt gemaakt. Of omdat je, terecht of niet, denkt dat jij op je werk of bij een van de andere activiteiten in je leven onmisbaar bent, omdat niemand jouw plek kan innemen. Misschien heb je zelfs het idee dat je geen keuze *hebt*, dat je overgeleverd bent aan wat anderen van je verwachten.

Dit hoofdstuk gaat over heel menselijke trekjes, die de meeste mensen in zekere mate bij zichzelf zullen herkennen. Ze hebben veelal te maken met hoe we zijn opgevoed, of hoe we geleerd hebben om problemen op te lossen. Het zijn geen 'karakterfouten', maar ze zitten ons soms wel degelijk in de weg.

De veroorzakers van stress die we in de vorige hoofdstukken zijn tegengekomen pak je aan door anders te gaan leven. Met de stressoren in dit hoofdstuk kun je leren omgaan door anders te gaan dénken. Te veel mensen voelen zich veroordeeld tot een veel te druk bestaan en voelen zich niet bij machte om hier iets aan te doen. Maar machteloos, dat ben je bijna nooit. Iedereen kan de keuze maken voor een rustiger en minder gestrest leven. Daarvoor is het wel nodig om in te zien dat je een keuze hébt.

Moeten of willen

Bij een deel van de studenten in mijn werkgroep is iets opmerkelijks aan de hand. Hebben ze een van hun tentamens gehaald, dan zijn ze er vreselijk trots op dat ze zo hard hebben geleerd, dat ze de stof onder de knie en hun zenuwen in de tentamenzaal in bedwang hadden. Ze zijn blij met het resultaat en vinden het volledig gerechtvaardigd dat ze beloond worden voor hun vele studeren. Maar hebben ze het tentamen niet gehaald, dan is het vaak een heel ander verhaal. Deze studenten leggen dan de schuld steevast buiten zichzelf. De vragen waren veel te moeilijk, er werd stof behandeld die niet was opgegeven of het tentamen was op een stom moment ingeroosterd ('Om 9 uur 's ochtends, zijn er dan mensen wakker?!'), de surveillanten waren veel te luidruchtig en door het rare accent van de docent werden ze bij het college steeds afgeleid. Hun tegenvallende resultaat is de schuld van de hele wereld, behalve van henzelf. Het lijkt niet in ze op te komen dat hun onvoldoende ook wel eens te maken kan hebben met het feit dat ze de avond ervoor in beschonken toestand tot een uur of twee in de kroeg zijn blijven hangen. Een ander deel van de studenten ziet bij een onvoldoende juist wél het eigen aandeel. Deze laatste groep snapt dat ze het eigen studiegedrag moeten veranderen, en haalt de volgende keer vaak wel een voldoende.

De schuld buiten onszelf leggen helpt ons om te dealen met dingen die we niet prettig vinden maar die tóch gebeuren. Als je anderen, de omstandigheden of Vrouwe Fortuna de schuld kunt geven, blijf je zelf buiten schot. Ligt het aan iets of iemand anders, dan hoef je niet te denken dat je tekortschiet, of iets gewoon niet kunt. Je kunt dan omgaan met de tegenslag zonder dat je jezelf ook nog eens lastige vragen hoeft te stellen. Dit geldt voor van alles: een onvoldoende, maar ook voor ontslag, een verbroken relatie, onhandige investeringen enzovoort. En natuurlijk voor stress.

Mensen verschillen van elkaar in hoezeer ze zich eigenaar voelen van hun eigen leven. Mensen met een 'interne attributiestijl' hebben het idee dat ze zelf de baas zijn over hun bestaan. De gebeurtenissen in hun leven – positief of negatief – zien ze als het resultaat van hun eigen handelen. Mensen met een 'externe attributiestijl' daarentegen hebben de neiging om juist consequent de controle over hun leven buiten zichzelf te leggen (te 'attribueren'). Met name voor de negatieve aspecten van hun leven leggen ze de verantwoordelijkheid steevast ergens anders. Over hun gedrag lijken anderen of het lot de baas: 'Ik moest wel' of 'Zo ben ik gewoon'. Het extern attribueren wordt dan een soort slachtofferdenken: 'Ik ben wie ik ben en ik doe wat ik doe omdat anderen dat willen of omdat de omstandigheden me dwingen, ik kan daar zelf niets aan doen.'

Een externe attributiestijl hangt samen met een hogere mate van stress, een lagere mate van succes, met gevoelens van hulpeloosheid, met depressie en angst, zo blijkt uit onderzoek. Mensen met een interne attributiestijl hebben over het algemeen meer zelfvertrouwen, minder negatieve emoties en meer succes. Het zijn over het algemeen de studenten die bij een onvoldoende hun eigen rol inzien – en die hun gedrag de volgende keer dus kunnen aanpassen – die de volgende keer wél een voldoende halen. Studenten die vinden dat ze part noch deel hebben aan hun eigen falen, lopen de volgende keer opnieuw in dezelfde valkuil.

Of iemand een interne of een externe attributiestijl heeft, kun je vaak ook terug horen in het taalgebruik. Mensen met een externe attributiestijl gebruiken vaker het woord 'moeten' en mensen met een interne attributiestijl gebruiken vaker het woord 'willen'. 'Moeten' maakt je slachtoffer van de omstandigheden of van de wil van anderen, terwijl 'willen' de verantwoordelijkheid terugbrengt bij jezelf. Het geeft je een gevoel van controle over wat er in je leven gebeurt. Bij 'Ik moet vandaag naar mijn werk' ligt de keuze buiten jezelf. Bij 'Ik wil vandaag aan het werk' maak je zelf de keuze (ook al heb je misschien helemaal niet zo'n zin). Het eindresultaat is hetzelfde, maar in je hoofd is het heel anders. Je zou er ook voor kunnen kiezen níét naar je werk te gaan, maar je doet het toch, om redenen die voor jou belangrijk zijn. Het resultaat is misschien hetzelfde, maar het wordt een doordachte afweging in plaats van een verplichting.

Voor het veranderen van je attributiestijl geldt: *fake it 'till you make it.* Je kunt je steevast de vraag stellen: Hoe zou ik me gedragen als ik zelf de controle had over de situatie? Wat zou ik dan anders doen? Een andere strategie is het aanpassen van je taalgebruik, zoals in de opdracht hieronder.

Gebruik vandaag de hele dag het woord 'moeten' niet. Wanneer je merkt dat je 'moeten' gaat gebruiken, stel jezelf dan de vraag: van wie moet ik dit precies? Heb ik zelf een keuze, en zo ja, welke? Probeer dan hetzelfde te zeggen maar dan zonder 'moeten'. Gebruik in plaats daarvan de woorden 'kunnen', 'willen', 'kiezen', etc.

In de praktijk hanteren mensen niet uitsluitend de interne of de externe attributiestijl. Meestal zitten we ertussenin, met een neiging naar het een of het ander, afhankelijk van de situatie. Je kunt nog zoveel controle bij jezelf leggen, voor sommige zaken ben je wel degelijk afhankelijk van factoren buiten jezelf. Hoe een sollicitatiegesprek loopt, heb je bijvoorbeeld deels zelf in de hand, maar of je wordt aangenomen, ligt ook aan de kwaliteit van de andere kandidaten en aan wat de sollicitatiecommissie belangrijk vindt. Toch is het psychologisch voordelig om een interne attributiestijl te hanteren. Als je een speelbal bent in je eigen leven ('Ik kan er toch niets aan doen') zorgt dat voor stress: als jij geen keuzes maakt, doet iemand anders dat wel voor je. Verantwoordelijkheid nemen voor je leefomstandigheden en je eigen handelen is soms vervelend – bijvoorbeeld als je moet toegeven dat je zelf iets niet handig hebt aangepakt – maar zorgt uiteindelijk voor meer zelfvertrouwen en dus meer stressbestendigheid. Dan neem je namelijk zelf de touwtjes in handen.

Druk zijn versus druk voelen

Als je je druk voelt, komt dat omdat je druk bent. Toch? Nou, niet helemaal.

'Druk zijn' heeft te maken met je *workload*, je feitelijke hoeveelheid werk. Denk hierbij aan de uren dat je in een week werkt, het aantal taken dat je in een dag wilt doen, de minuten die je kwijt bent aan afspraken en vergaderen, het aantal producten dat je aan het einde van de dag af wilt hebben. Deze workload is dus objectief. Je kunt het in cijfers weergeven. Druk zijn is uit te drukken in minuten, aantal pagina's, het al dan niet halen van targets, of in wat je in je vrije tijd voor 'werk' te doen hebt: de hoeveelheid afspraken, aantal taken, hoeveelheid minuten die je kwijt bent aan regeldingen.

Onder 'druk voelen' valt echter alles wat te maken heeft met je beleving van die werkdruk. Druk voelen is dus subjectief. Hierbij kun je denken aan hoezeer je je verantwoordelijk voelt voor je werk of voor het werk van je team, of aan de druk die je ervaart om bepaalde taken af te krijgen voor een deadline. Druk voelen zegt iets over hoezeer je het gevoel hebt dat je opgejaagd wordt door de klok. Als er iets misgaat, raak je dan in paniek, of blijf je rustig? Ook de hoeveelheid plezier en betekenis die je uit je bezigheden haalt speelt bij druk voelen een rol: je kunt meer druk aan als je voldoening uit je werk haalt.

Je zou verwachten dat er een direct verband bestaat tussen druk zijn en druk voelen. Bij een lage werkdruk voel je je niet opgejaagd, maar hoe drukker je het hebt, hoe drukker je je voelt. Logisch toch? Zoiets als dit:

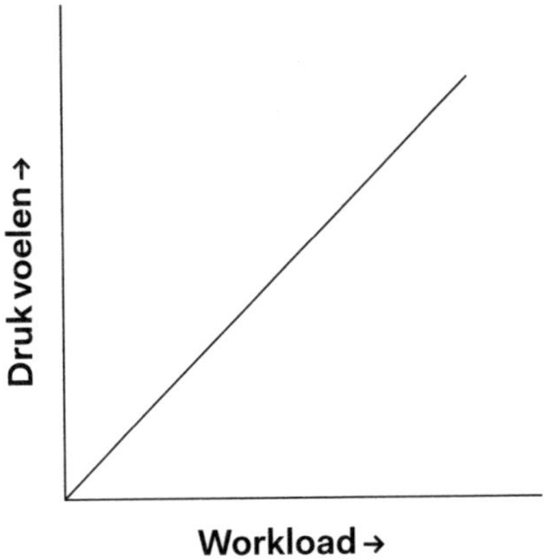

Maar zo blijkt het niet helemaal te werken. Hoe druk je je voelt, heeft in de praktijk niet per se iets te maken met hoe druk je het objectief hebt. Sterker nog, er bestaan mensen die zich sowieso druk voelen, ongeacht hoe druk ze het hebben. Deze mensen ervaren stress, ook al valt hun workload objectief gezien best mee. Als ze erg druk zijn, voelen ze zich ook druk. Maar ook als ze niet zo druk zijn, voelen ze zich druk; dat ziet er ongeveer zo uit:

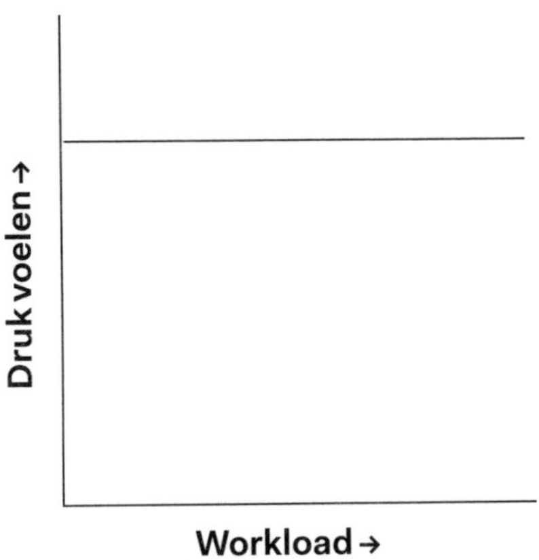

Andersom is ook mogelijk: dat je je juist niet druk voelt, of je workload nu groot is of klein. Mensen met zo'n soort patroon hebben het vermogen om zich niet gek te laten maken door drukte, en hun hoofd koel te houden, ook al ligt er veel objectieve druk op hen. Ook als ze het druk hebben, voelen ze zich niet opgejaagd; dat ziet er ongeveer zo uit:

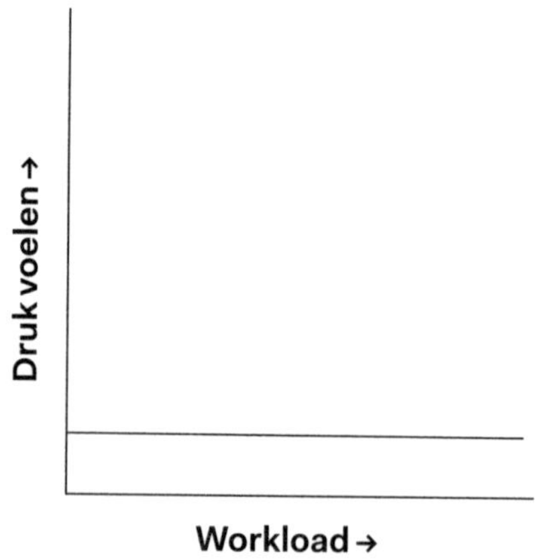

Er schijnen ook mensen te bestaan die steeds minder druk voelen, naarmate hun workload groter wordt, maar die mensen ben ik nog nooit tegengekomen.

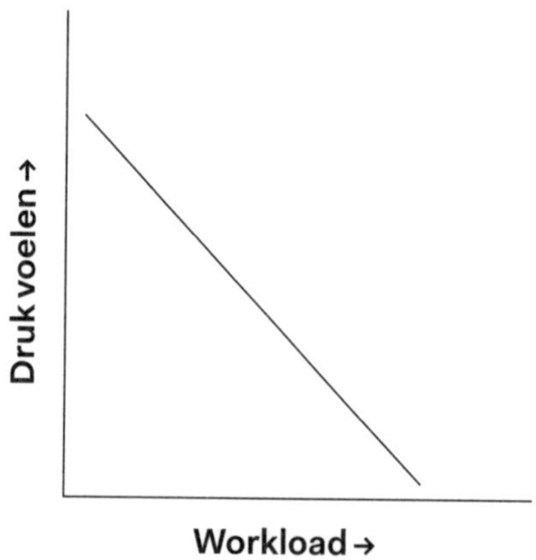

Druk voelen is dus niet hetzelfde als druk zijn. Aan zowel druk zijn als druk voelen is iets te doen, maar de aanpak is anders. Als jij iemand bent wiens uitdagingen vooral liggen in het druk voelen, dan vind je de oplossing bij de psychologische kant van drukte (bijvoorbeeld met behulp van de informatie in dit hoofdstuk). Voor jou is het ook belangrijk om je stressgevoel goed te leren herkennen en tegen te gaan (zie hiervoor vooral hoofdstuk 6).

Ligt je uitdaging op het gebied van druk zijn, en dus in het managen van je tijd, dan vind je de oplossing eerder in plannen en prioriteren (deze vaardigheden komen voornamelijk in hoofdstuk 7 aan de orde).

Uitstelgedrag

Psychologen verbazen zich al tijden over het menselijke vermogen tot het uitstellen van belangrijke taken. Hoe kan het nu toch dat we de dingen die we écht moeten doen zo makkelijk tot het laatste moment voor ons uitschuiven, ook al zijn we er wel degelijk voor gemotiveerd?

In een beroemde TED-talk legt blogger Tim Urban zijn eigen uitstelgedrag op een heel heldere manier uit. In zijn hoofd staan een groot deel van de tijd twee figuren aan het roer: de Rationele Beslisser en de *Instant Gratification Monkey*. De Rationele Beslisser wil graag dat Tim zich met de echt belangrijke taken bezighoudt, op een zo handig en efficiënt mogelijke manier. De *Instant Gratification Monkey* vindt echter heel andere dingen belangrijk: het leuk hebben bijvoorbeeld, door dingen te doen die op de korte termijn aangenaam en amusant zijn. Wanneer Tim, gedreven door de Rationele Beslisser, besluit om iets nuttigs te gaan doen, ettert die *Monkey* er dwars doorheen. Hij vindt het uitstellen van genot maar lastig en wil eerst veel liever iets aangenaams gaan doen. Deze twee figuren vechten met elkaar om de leiding en in de tussentijd krijgt Tim maar moeilijk iets gedaan.

Deze impasse wordt pas doorbroken als vlak voor de deadline een derde figuur ten tonele verschijnt in het hoofd van Tim: het Paniekmonster. Het Paniekmonster is een nogal hysterisch figuur die om het hardst schreeuwt dat er NU iets moet gebeuren, anders zwaait er wat. Zo krijgt het Paniekmonster de *Instant Gratification Monkey* stil en zorgt ervoor dat het werk gedaan wordt, al is dat bepaald niet op de meest prettige en relaxte manier.

Welke dingen ben jij momenteel aan het uitstellen? Dit kunnen grote dingen zijn, zoals solliciteren naar een andere baan, of kleine dingen, zoals het opruimen van je keuken. En hoe komt dat? Maak hiervan een lijstje, we komen er later op terug.

De psychologie van uitstellen werkt als volgt. Wij mensen willen vrijwel nooit slechts één ding, maar vrijwel altijd meerdere dingen tegelijk. We hebben verschillende drives op hetzelfde moment. Het komt regelmatig voor dat die drijfveren op gespannen voet met elkaar staan. We willen tegelijkertijd iets wél en iets níét, en dat levert een innerlijk conflict op.

Stel dat je hebt besloten om je leidinggevende te vragen om een hoger salaris. Je hebt goede redenen om opslag te vragen en dus vind je dat je de onderhandeling aan moet gaan. Maar tegelijkertijd wil je ook graag de relatie met je baas goed houden en wil je dat hij je aardig blijft vinden. Het resultaat? Je stelt het moeilijke gesprek uit, het mailtje dat je over je salaris hebt geschreven, blijft tot nader order als concept staan.

Uitstellen is vaak vermijdingsgedrag: door iets uit te stellen, proberen we een onprettige situatie zo lang mogelijk te vermijden. Bij iets dat we aan het uitstellen zijn, vinden we het dus vaak wel belangrijk, maar ook moeilijk. Die moeilijkheid kan er in liggen dat je het idee hebt dat je bij hetgeen je uitstelt, zult falen. Opeens zal blijken dat je het helemaal niet kunt. Of je ziet op tegen de inspanning die het zal kosten om datgene wat je uitstelt te bereiken. Je wilt bijvoorbeeld wel Spaans leren voor die reis naar Chili, maar ziet ook op tegen de hoeveelheid werk die dat gaat kosten, en bent ook bang dat het je helemaal niet gaat lukken: prima redenen om uit te stellen.

Het komt geregeld voor dat je ervoor moet kiezen om op de korte termijn iets moeilijks te doen opdat het je op de lange termijn iets aangenaams zal opleveren: een tentamen leren om een goed cijfer te halen, een stom gesprek voeren om een salarisverhoging te krijgen, vlijtig schrijven om uiteindelijk een mooi boek te produceren. Het is dan veel eenvoudiger om op de korte termijn iets prettigs en makkelijks te doen: het kost een stuk minder moeite om gewoon Netflix te gaan bingewatchen – dat is tenminste makkelijk. Dat we ons tijdens dat Netflixen een slappeling voelen, nemen we maar voor lief.

Er speelt nog iets anders. Het is namelijk heel erg makkelijk om je toekomstige zelf taken in de schoenen te schuiven, zodat je die nu niet hoeft te doen. Daarbij hebben we nogal eens de neiging om ons toekomstige zelf schromelijk te overschatten: ik heb hier nu geen zin in, maar morgen werk ik gewoon dit hele lijstje af! Ons toekomstige zelf zit altijd goed in zijn vel, heeft doorzettingsvermogen en zit boordevol energie. Morgen komt het allemaal goed, want dan ben je supergemotiveerd en buitengewoon productief. Dat ons toekomstige zelf evenzeer de neiging zal hebben om uit te stellen, of gewoon een pechdag kan hebben, vergeten we voor het gemak.

Hoe groter de taak die ons te wachten staat, hoe groter onze weerzin om deze aan te pakken. Het helpt daarom om een grote taak zoveel mogelijk op te delen in concrete, haalbare stappen die gemakkelijk af te ronden zijn. Stel dat je een netwerkbijeenkomst wil organiseren. Dan kun je natuurlijk op je lijstje zetten 'netwerkbijeenkomst fixen'. Dat is echter een dermate groot karwei dat de neiging tot uitstellen alles bederft. Voor je motivatie is het dan beter om de taak op te delen in zoveel mogelijk duidelijk omschreven subtaken ('gastenlijst samenstellen' bijvoorbeeld, of 'ruimte reserveren'). De neiging tot uitstellen wordt kleiner als taken minder groot zijn.

Kijk naar het lijstje met dingen dat je zojuist hebt gemaakt. Zijn er taken die je kunt opdelen in kleinere, haalbaardere taken? Maak een overzicht van deze concrete taken. Het helpt om het zo praktisch mogelijk op te schrijven.

Een tweede tip tegen uitstelgedrag heeft te maken met het eten van kikkers en is een beetje luguber. Stel dat iemand je zou dwingen om vandaag ergens op de dag een levende kikker op te eten. Hoe zou je dat dan aanpakken? Je kunt dit op twee verschillende manieren oplossen. Je kunt het probleem uitstellen: doen alsof er niets aan de hand is en gewoon andere dingen gaan doen. Onderwijl is de kikker niet weg te slaan uit je hoofd, en aan het einde van de dag moet je alsnog voor de bijl. Bovendien: hoe langer je wacht, hoe meer je ertegenop kijkt. Het alternatief is – hoe lastig ook – de kikker meteen als eerste actie van de dag op te eten. Natuurlijk, het vergt enige discipline en het is bepaald niet aangenaam, maar je bent er wel gelijk vanaf. En de rest van je dag is een makkie, want nu je een kikker hebt gegeten, valt verder alles mee!

Wat voor het eten van de kikker geldt, geldt ook voor andere dingen die we voor ons uit schuiven. Het is aan te raden om datgene waar je tegenop kijkt meteen als eerste op je werkdag te doen, nog voor je je mail opent of op een andere manier in de alledaagse beslommeringen verzeild raakt. Zo voorkom je dat je het de hele dag actief moet vermijden tot het niet langer meer kan. Bijkomend voordeel is dat de meeste mensen 's ochtends de meeste energie en wilskracht hebben – gedurende de dag raken deze dingen uitgeput. 's Ochtends vroeg is dus wat dat betreft het ideale moment om je te storten op taaie maar belangrijke taken. Want bingewatchen op Netflix is natuurlijk pas écht leuk als je dat zonder schuldgevoel kunt doen.

Perfectionisme

Stel dat ik je de opdracht geef om het belangrijkste dat je vandaag op je to-dolijst hebt staan te schrappen. Je mag deze taak niet uitvoeren, het niet verschuiven naar een ander moment en je mag het ook niet op een andere manier oplossen. Wat doet dat met je? Welke gedachten spelen er? Hoe voelt het?

Tijdens trainingen geef ik de deelnemers vaak bovenstaande opdracht op als huiswerk. Bijna altijd hebben de deelnemers er grote moeite mee. Ze protesteren al wanneer ik ze de opdracht opgeef, nog voor ze het überhaupt proberen. Zelfs de gedachte dat ze zomaar iets níét doen zorgt al voor spanning. Wanneer ze zich voorstellen dat ze een steekje laten vallen, komen er allerlei heftige gevoelens naar boven: angst om niet goed genoeg te zijn en het gevoel anderen teleur te stellen. Deze gevoelens steken zelfs al de kop op als ze alleen maar dénken aan het maken van een fout.

Hoeveel stress je ervaart in je leven, hangt samen met de eisen die je aan jezelf stelt. Als jij van jezelf verwacht dat alles je altijd lukt en dat alle dingen die je doet altijd heel goed of zelfs perfect zijn, is dit een recept voor stress. Wil je een relaxter leven, dan is het vermogen om fouten te maken doorslaggevend. Als je niet kunt accepteren dat je soms een fout maakt, levert dat veel stress op.

'Perfectionisme' wordt gedefinieerd als de karaktereigenschap waarbij je erg hoge eisen stelt aan je eigen prestaties. Perfectionisme is niet per se hetzelfde als faalangst: perfectionisme gaat over de eisen die je aan jezelf stelt, bij faalangst ben je vooral bang dat het mislukt. Perfectionisme gaat doorgaans ook samen met een sterk kritische houding naar de prestaties die anderen leveren. Wanneer je voor jezelf de lat erg hoog legt, doe je dat voor anderen kennelijk ook.

Je kunt een onderscheid maken tussen 'gezond' en 'ongezond' perfectionisme. 'Gezond' perfectionisme zorgt ervoor dat je prachtig werk aflevert, dat mensen altijd op je kunnen bouwen en dat je jezelf kunt motiveren om detailwerk af te leveren. 'Gezond' perfectionisme zorgt ervoor dat je slaagt. Maar perfectionisme kent ook behoorlijk ongezonde kanten. Het negatieve aan perfectionisme is dat het geregeld gepaard gaat met stress, angstgevoelens en gevoelens van tekortschieten. Mensen met ongezonde perfectionistische trekjes doen het voor hun gevoel nooit goed genoeg en dat is frustrerend of zelfs slopend. In de woorden van journalist (en perfectionist) Amanda Ruggeri: 'Wanneer perfectionisten een keer niet slagen, zijn ze niet teleurgesteld over hun prestatie. Ze schamen zich voor wie ze zijn.'

Het blijkt dat het aantal mensen met perfectionisme de afgelopen twintig jaar sterk is gestegen. Dat is slecht nieuws. Mensen die perfectionistisch zijn ingesteld hebben namelijk

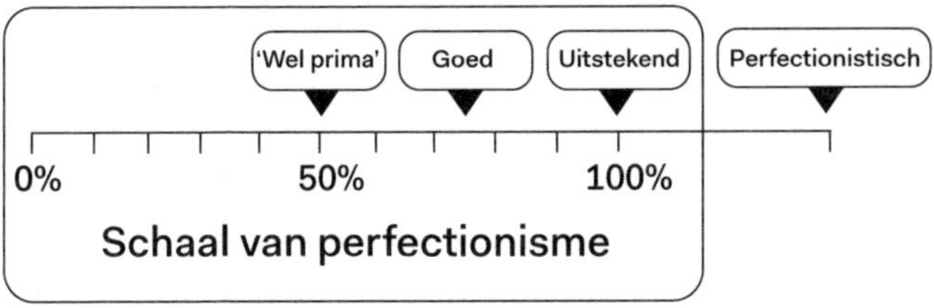

een flink hogere kans om in een burn-out terecht te komen. Dit is niet verbazingwekkend: als jij het idee hebt dat alles wat je doet perfect moet zijn, stop je stukken meer werk en tijd in taken, en komt daar ook veel meer druk bij kijken. Perfectionisme kan daarom ook zorgen voor een flink aantal andere problemen: depressie, sociale angst, eetstoornissen, oververmoeidheid en slaapproblemen.

Experts noemen perfectionisme zelfs een essentieel kenmerk van deze tijd. De afgelopen dertig jaar zijn er veel kinderen opgevoed met het idee dat je 'kunt worden wat je wilt, als je maar hard genoeg je best doet'. Maar als je dat gelooft, hoort daar ook de andere kant van de medaille bij: als je faalt, kun je dat niemand anders kwalijk nemen dan jezelf. Zo word je zelf volledig verantwoordelijk voor het slagen van je eigen leven. Perfectionisme is vaak het gevolg van een stijl van opvoeden waarin positieve aandacht en liefde afhankelijk zijn van het leveren van prestaties. Doe je het als kind goed op school, dan volgen er complimentjes, maak je een fout of lever je een niet-optimale prestatie, dan tref je een koude schouder. Perfectionisme kan ook iets zijn dat je jezelf aanleert, bijvoorbeeld op school. Een perfecte prestatie wordt als prijzenswaardig gezien, ook al gaat het ten koste van jezelf.

Perfectie zit ook diep verankerd in onze cultuur. We worden omringd door perfectie en excellentie. We eren uitsluitend de sporters die het hardst hebben gerend of het verst hebben gesprongen. We worden doodgegooid met de allergrootste succesverhalen, de allergrootste pop- en filmsterren en de topmannen van Apple of Google zijn onze rolmodellen. In de media zijn perfecte lichamen en perfecte levens de norm. Dat we voor die foto van ons perfecte *fitgirl*-lijf op Instagram een jaar hebben moeten leven op een dieet van magere yoghurt en gojibessen, zeggen we er niet bij. *We make it look easy*! Je zou er bijna van gaan denken dat je pas de moeite waard bent als je iets fantastisch presteert, dat je dan pas meetelt.

De realiteit is echter een stuk minder spetterend. Vaak genoeg ben je niet de beste. Sterker nog, dat ben je bijna nooit. Er gaat vaak genoeg iets mis, dat is menselijk. Maar daar zien we in de media en om ons heen verdomd weinig voorbeelden van: van gewone mensen bij wie heus regelmatig iets mislukt, die soms een fout maken of iets stoms doen.

Perfectionisten hebben het op werkgebied vaak moeilijk. Op je werk is de kwaliteit van een taak die je uitvoert immers niet het enige belangrijke criterium, maar wordt er ook gekeken naar bijvoorbeeld de termijn waarin het af kan zijn. Perfectie bereiken duurt extreem lang. Neem bijvoorbeeld het maken van notulen van een vergadering. Deze dienen vooral nuttig te zijn, snel door te nemen, en niet al te veel tijd te kosten om te maken. Als je niet anders kunt dan de notulen tot in perfectie uit te werken, levert dit een uitdaging op: niemand zit daarop te wachten, en je bent er waarschijnlijk veel meer tijd aan kwijt dan nodig, tijd die je beter had kunnen besteden.

Een speciaal gevaar voor perfectionistisch aangelegde mensen is het soort taak waaraan je in principe heel veel tijd kunt besteden, en waarbij het niet precies duidelijk is wat de eisen zijn en wanneer het af moet zijn. Je baas zegt bijvoorbeeld: 'Zet jij maar even wat ideetjes op papier, dan hebben we het er binnenkort een keer over.' Als je perfectionistisch bent, is zo'n opdracht een ramp. Je kunt dan in principe oneindig doorgaan om het eindresultaat zo perfect mogelijk te maken. Je kunt er tien, maar ook honderd uur of meer in steken. Perfectionisten en een taak waar in principe oneindig veel tijd aan kan worden besteed, dat is een dodelijke combi. Ik heb regelmatig mensen gezien die zich met zo'n project over de kop werkten.

Mocht je perfectionistisch zijn en daar last van hebben, dan kun je daar wel wat aan doen. Het is mogelijk om de ongezonde aspecten van je perfectionisme te bestrijden. Een essentiële stap daarin is je tolerantie voor het maken van fouten vergroten. Dit kun je bijvoorbeeld doen in de vorm van een experiment, door bewust dingen fout te laten gaan, en te onderzoeken wat dat met je doet. Omdat het een experiment is, hoef jij je deze fouten niet persoonlijk aan te rekenen: je doet het per slot van rekening voor de wetenschap.

Laat de komende vier weken elke week iets bewust mislukken. Begin de eerste week met iets kleins (iemand 'vergeten' terug te bellen, een spelfout in een rapport laten staan) en bouw op naar grotere fouten. Hou nauwlettend de resultaten in de gaten. Hoe voel je je? Komt dat overeen met wat je verwachtte? En ook: hoe reageren de mensen om je heen hierop?

Wanneer je de opdracht hierboven tot op de letter nauwkeurig hebt gevolgd (en daar ga ik wel van uit als je perfectionistisch bent aangelegd!), ben je waarschijnlijk al tegen het volgende inzicht aangelopen: de mensen om je heen hebben veel minder hoge standaarden voor je werk dan jijzelf. Je hebt zelf misschien het gevoel dat je nergens een steekje mag laten vallen, maar andere mensen gaan er over het algemeen van uit dat je af en toe iets niet optimaal doet. Dat is ingecalculeerd. Voor anderen is 'goed genoeg' vaak goed genoeg.

In de praktijk hoeft maar zeer weinig perfect te zijn. Ze zijn er wel, dingen die perfect moeten zijn (een hersenoperatie, bijvoorbeeld), maar ze zijn schaars. Dit maakt het heel belangrijk om het vermogen te kweken om dingen 'goed genoeg' te doen. Stel regelmatig de vraag: 'is dit zoiets dat écht perfect moet zijn, of is dit een goed-genoeg-taak?'. Zo kun je je drang naar perfectie bewaren voor die weinige momenten dat iets écht perfect moet zijn.

Perfectie is vaak helemaal niet nodig en kost kneiterveel tijd en energie. Een taak – een rapport dat je schrijft, het voorbereiden van een vergadering, een examen waar je voor leert – voor 80% goed krijgen, kost vaak ongeveer 20% van je energie en tijd. De laatste 20% van de taak (om die taak voor 100% perfect te krijgen) kost vaak ruwweg 80% van je moeite. De eerste 80% vereist dus 20%, en aan de laatste 20% om het perfect te krijgen ben je zomaar 80% van je energie en tijd kwijt!

Vaak is die laatste 20% niet eens moeite waard. In het merendeel van de gevallen is iets voor 80% goed krijgen, eigenlijk al goed genoeg. Voor een tentamen is een 8 een hartstikke mooi cijfer. Niemand ligt wakker van een e-mail die niet helemaal perfect is, maar wel voor 80% goed. Een eerste versie van een stuk dat je schrijft mag best voor 80% 'af' zijn.

We zijn nogal eens geneigd aan onszelf veel hogere eisen te stellen dan dat de mensen met wie we te maken hebben zouden doen. Waar een ander al blij zou zijn met 80% aan inspanning, hebben we zelf vaak het idee dat we steken hebben laten vallen. Jouw 80% is vaak voor iemand anders al 100% van wat ze van je verwachten. Een 8 is vaak meer dan prima. Je kunt dus energie besparen door iets niet perfect af te leveren dat niet perfect hoeft te zijn.

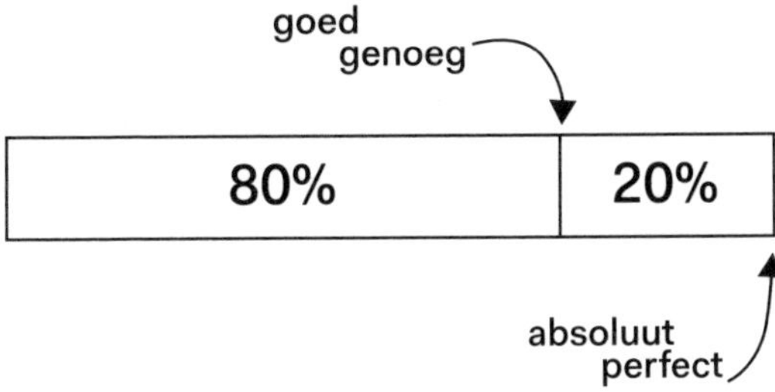

Laten we het concreet maken. Stel dat je een website aan het ontwerpen bent voor je bedrijf. Hoe zou dan de meest fantastisch gestroomlijnde website eruitzien? Dat is je 100%. En wat zou een resultaat zijn waar jijzelf, je opdrachtgever en de gebruiker tevreden mee zijn? Wat is een 'prima' resultaat? Daar heb je je 80%. Om zeker te zijn dat je goed werk aflevert, kun je daar het beste nét boven gaan zitten. Dit betekent niet dat je nooit voor de volle 100% moet gaan, wel dat je selectief bent wannéér je dat doet.

Selecteer deze week twee taken waarbij je niet voor 100% maar voor 80% wilt gaan. Bedenk hierbij wat de meest perfecte uitkomst zou zijn (A), en met welke uitkomst jijzelf en je opdrachtgever tevreden zou zijn (B). Stel jezelf de vraag: wat zou goed genoeg zijn? Ergens tussen die twee punten ligt de *sweet spot* waarop je gaat mikken.

Niet mijn wijk, vriend!

Een andere karaktertrek die voor behoorlijk veel stress kan zorgen, is het hebben van een enorm verantwoordelijkheidsgevoel. Wanneer je je niet alleen verantwoordelijk voelt voor je eigen werk, maar ook voor dat van anderen of van je hele team, zorgt dat voor bakken met stress. Mensen mét een groot verantwoordelijkheidsgevoel zijn bravere burgers, mensen zónder hebben een prettiger leven. Als je niet weet wat je verantwoordelijkheid is, ben je namelijk overal verantwoordelijk voor.

Enkele jaren geleden bezocht ik een loopbaancoach. Indertijd had ik – zoals wel vaker – meerdere baantjes. Ik was aan nieuw werk begonnen, maar had het nog niet aangedurfd om helemaal te stoppen met mijn oude werk, ondanks dat ik er eigenlijk te weinig tijd voor had. Ik voelde me verplicht om te blijven werken bij mijn oude werk, omdat ik met mijn vertrek geen problemen wilde veroorzaken. Ik stond daarom met één been in het nieuwe werk, en met het andere nog in het oude. Toen ik mijn coach vertelde over dit specifieke probleem, vroeg ze me op de man af: 'Waarom werk je daar eigenlijk nog?' 'Omdat niemand anders mijn werk kan doen!' antwoordde ik doodserieus. Waarop zij zei: 'Dat lijkt me niet echt plausibel, en het is ook niet zo'n beste reden om te blijven'.

Dat was het moment dat ik besloot te stoppen bij mijn oude werk en volledig voor mijn nieuwe baan te gaan. Een misplaatst gevoel van verantwoordelijkheid hebben is nogal een slechte reden om iets te doen. Het feit dat jij ergens heel goed in bent wil nog niet zeggen dat het ook de beste besteding is van je talenten. Het is ook niet al te best voor je motivatie. Ik realiseerde me ook: hoe competent ik me ook moge voelen, hoe goed ik mijn eigen werkwijze ook vind, ik ben in principe vervangbaar.

We voelen ons graag nuttig. Het is een prettig gevoel als je je nuttig kunt maken en als je belangrijk bent bij het uitvoeren van een bepaalde taak: 'Als ik mijn mails niet beantwoord, krijgen we boze klanten!' of 'Als ik het decor voor de theatervoorstelling van mijn kind niet maak, wordt het niet half zo mooi.' Maar dat nuttig voelen slaat wel eens om in het gevoel dat je zó nuttig bent dat je onvervangbaar bent – dat het slagen of falen van de hele operatie volledig van jouw prestatie afhankelijk is. Men noemt dit ook wel de 'illusie van onmisbaarheid': inderdaad een illusie, omdat het vrijwel nooit klopt.

Stel nou dat je je been zou breken en je werk niet zou kúnnen doen, wat zou er dan gebeuren? Natuurlijk zouden er dan dingen mislopen. Je vervanger zou het ongetwijfeld een stuk minder goed doen dan jij. Je bent zeker moeilijk te missen, maar ónmisbaar, dat ben je bijna nooit. Dat is een illusie. Dit inzicht kan je ego pijn doen, maar kan ook bevrijdend zijn. Vaak worden we immers geplaagd door schuldgevoel en doen we dingen waar we eigenlijk geen tijd voor hebben vanuit het gevoel dat we de enige zijn die ze kunnen doen. Maar klopt dit wel? Als je eerlijk bent, ben je dan inderdaad zo onmisbaar als je denkt? Waarschijnlijk niet, en dat is maar goed ook.

Aan het begin van dit hoofdstuk zagen we hoe stressvol het is wanneer je het idee hebt dat je geen controle hebt over je leven. Te véél controle willen hebben kan echter ook zorgen voor problemen. Zo komt het regelmatig voor dat anderen niet doen wat je van hen verwacht. Bovendien zet je de deur wagenwijd open voor *social loafers*: mensen die bij een gezamenlijke verantwoordelijkheid het werk laten doen door degene met het grootste verantwoordelijkheidsgevoel. Social loafers proberen bijvoorbeeld bij een groepsopdracht mee te liften door zich passief en reactief op te stellen, en door hun snor te drukken waar dat kan. Dit kan natuurlijk alleen maar als er iemand in de groep is die toch wel de verantwoordelijkheid neemt voor het hele eindresultaat. Deze situatie werkt goed voor iedereen, behalve voor één persoon. Ben jij die persoon met dat enorme verantwoordelijkheidsgevoel, dan heb je dus vette pech. Dan komt uiteindelijk het meeste werk op jouw schouders terecht. Van een overtrokken verantwoordelijkheidsgevoel wordt dus nogal eens misbruik gemaakt door anderen.

Zoals we al eerder zagen doet onze huidige manier van werken vaak een beroep op onze tijd én op ons hart. Er wordt van ons verwacht dat we inspringen wanneer dat nodig is, en net even die extra inspanning leveren als het werk dat van ons vraagt. Dit extra werk leveren wordt ons doorgaans niet expliciet verplicht. We worden aangesproken op onze teamspirit en op ons verantwoordelijkheidsgevoel: 'We zijn er allemaal verantwoordelijk voor dat dit gebeurt.' Als dat niet lukt, wordt regelmatig een schuldgevoel gebruikt om je over te halen: je wil je collega's toch niet extra belasten?

Voor een werkgever is het juist heel fijn als jij je altijd verantwoordelijk voelt. Je bent te vertrouwen, staat altijd klaar als er iets moet gebeuren en hebt altijd oog voor het eindresultaat. Dat het je ondertussen ook veel stress oplevert, is alleen voor jou een probleem. Daar komt nog bij: wanneer jij altijd degene bent die verantwoordelijkheid neemt voor een taak, creëer je daarmee de verwachting dat het de volgende keren net zo zal gaan. Hoe vaker jij de leiding neemt, hoe meer anderen achterover gaan hangen. Niet alleen is dat balen voor jou, maar je ontneemt anderen ook de kans om de verantwoordelijkheid op zich te nemen.

Eliza (31) had vóór haar burn-out altijd een erg groot verantwoordelijkheidsgevoel. Ze ziet dit zelf als een van de factoren die ervoor hebben gezorgd dat ze haar burn-out kreeg: 'Ik was extreem ambitieus. Ik pakte altijd alles op waarvan ik dacht dat het anders niet – of niet goed – zou gebeuren. Of dit goed voor me was, en of ik die taken eigenlijk wel leuk vond, daar stond ik totaal niet bij stil. Alle taken die voorbijkwamen en waar nog iets aan gedaan moest worden, of wat in mijn ogen heel goed zou zijn als het gebeurde, die trok ik naar me toe. Zo eindigde ik met ongeveer vijf banen in één.'

Sinds haar burn-out denkt Eliza anders over die eigenschap. Ze gebruikt nu een methode die uit de wereld van de postbezorging komt. Postbodes hebben een duidelijke taak: ze bezorgen post op een bepaalde tijd, in een bepaalde wijk. Die wijk is keurig afgebakend en het is heel duidelijk welke adressen er binnen deze wijk liggen en welke erbuiten. Mocht het voorkomen dat iemand je vraagt om iets te doen wat niet met jouw wijk te maken heeft, dan is de juiste repliek ook duidelijk: 'Niet mijn wijk, vriend!' Ook niet-postbodes kunnen soms best een onsje van deze mentaliteit gebruiken bij het uitvoeren van hun werk. Het maakt je misschien iets minder populair en komt je mogelijk op een opgetrokken wenkbrauw te staan – vooral bij mensen die inmiddels verwachten dat ze zomaar taken bij jou kunnen dumpen – maar dat weegt niet op tegen de rust in je hoofd.

Een andere methode om te bepalen waar je verantwoordelijkheden wel en niet liggen, leerde ik van een bevriende coach. Telkens als je twijfelt over of iets wel of niet bij jouw verantwoordelijkheid hoort, stel je de volgende vraag: 'Moet ik dit nu doen?' Hij werkt bij het beoordelen van een verzoek, een vraag of een taak. Deze op het oog eenvoudige vraag is eigenlijk een soort *Inspector Gadget*-achtig hulpmiddel, want hij bestaat uit maar liefst vier delen, waarbij je de klemtoon steeds ergens anders legt.

Het eerste deel is: MOET ik dit nu doen? Ben ik hiertoe verplicht of mag ik zelf kiezen? (En als je zelf mag kiezen, luidt de vervolgvraag: Wíl ik dit dan eigenlijk wel?) Het tweede deel is: moet IK dit nu doen? Ben ik hiervoor absoluut noodzakelijk, of zou ik dit ook door iemand anders kunnen laten doen? (Vervolgvraag: Bestaat er misschien een slimme manier om de taak uit te besteden?) Het derde deel is: moet ik DIT nu doen? Kan ik mijn tijd niet beter investeren in iets wat meer prioriteit heeft? Is dit echt de beste besteding van mijn tijd en aandacht op dit moment? Het vierde deel is tot slot: moet ik dit NU doen? Is dit echt hetgeen waar ik nu het best mijn tijd en aandacht aan kan besteden? Moet dit nú gebeuren, of kan het best nog even wachten? Is er misschien iets dat nu belangrijker is?

MOET ik dit nu doen?

Moet IK dit nu doen?

Moet ik DIT nu doen?

Moet ik dit NU doen?

Als een van de antwoorden op deze magische vraag ‘nee’ is, dan is het niet iets waar je je nu, op dit moment, druk over hoeft te maken.

Stel vandaag bij drie dingen die je doet de vraag: Moet ik dit nu doen? Is het antwoord op een van de vragen ‘nee’, doe het dan niet. Om dit niet te vergeten, kun je een vraagteken op je hand zetten om je te helpen herinneren. Mocht je er vragen over krijgen, dan is dit een mooie gelegenheid om deze techniek te delen.

Grenzen stellen

Denk terug aan de vorige keer dat ergens 'nee' tegen zeggen moeilijk was. Waar lag dat aan? Wat maakte het moeilijk? Wat had je achteraf gezien anders kunnen doen?

De behoefte om aardig gevonden te worden zit diep. Velen van ons hebben er dan ook moeite mee om 'nee' te zeggen of een grens te trekken, uit angst voor een boze reactie. Toch zul je situaties tegenkomen waarin jouw belang haaks staat op dat van iets of iemand anders. Als je de principes uit dit hoofdstuk hebt gevolgd – wanneer het antwoord op de vraag 'Moet ik dit nu doen?' bijvoorbeeld 'nee' is – is het onvermijdelijk dat je je grens moet aangeven. Er komen momenten dat je 'nee' moet verkopen. Als je uit angst om onaardig gevonden te worden altijd maar 'ja' zegt , bezorg je jezelf onnodig veel werk. Maar 'nee' zeggen, hoe doe je dat? Een cursus 'nee' zeggen in 5 stappen.

Stap 1 in de cursus 'nee' zeggen speelt zich af in je eigen hoofd. Voor je ergens 'nee' tegen kunt zeggen, moet je immers jezelf hiervoor toestemming geven. Sta je in je recht? Mág je 'nee' zeggen? Heb je een keuze? Ga bij jezelf ook na wat de consequenties zijn van 'nee' zeggen. Zou je het kunnen verkroppen als deze persoon het héél vervelend zou vinden? Als het antwoord op deze vragen 'ja' is – en je jezelf dus toestemming hebt gegeven om 'nee' te zeggen – kun je door met de volgende stap.

Stap 2: Wanneer je hebt besloten om 'nee' te gaan zeggen, is het handig na te denken over hóé je dat gaat doen. Een gesprek waarin je een grens aangeeft, voer je het beste face to face, of desnoods over de telefoon. Met een tekstbericht mist de persoon in kwestie wellicht belangrijke informatie die je met je stem of je aanwezigheid wel over kunt brengen. Het is ook belangrijk na te denken over de timing van de boodschap: als je mikt op een moment dat degene zo ontspannen en aandachtig mogelijk is, heb je minder kans dat de persoon in kwestie in woede ontsteekt. Net zoals bij mijn vader: die kon ik vroeger beter geen lastige vragen stellen als hij koud van zijn werk kwam en kribbig kon zijn. Na een halfuur met de krant was de timing al een stuk beter.

Bij een boodschap tussen mensen zijn er altijd twee kanten: die van de verzender en die van de ontvanger. De boodschap die de verzender verstuurt, hoeft niet altijd de boodschap te zijn die de ontvanger binnenkrijgt. Zowel aan de kant van de verzender als aan de kant van de ontvanger kan de boodschap verstoord worden door persoonlijkheid, herinneringen of ingebakken patronen. Neem de volgende boodschap: 'Zou je het vuilnis buiten willen zetten?' De verzender kan met dit verzoek verschillende dingen bedoelen. Het kan betekenen: 'Ik kom er niet aan toe, zou jij het voor me willen doen?', maar er kan ook emotie onder liggen: 'Heb je dat nou nog niet uit jezelf gedaan?' Ook aan de kant van de ontvanger kan er van alles spelen dat de boodschap vertekent. Het kan bijvoorbeeld worden opgevat als micromanagen of als een blijk van wantrouwen: 'Ik weet toch zelf ook wel dat dit moet!'

In principe heb je weinig controle over hoe die ontvanger de boodschap binnenkrijgt. Je kunt ernaar gissen en wat je over de persoon weet inzetten om je boodschap zo goed mogelijk te verpakken, maar helemaal zeker weten dat de boodschap goed overkomt doe je nooit. Het zou zomaar kunnen dat iemand alsnog boos wordt omdat je 'nee' zegt, met of zonder reden. Bedenk je dan dat diegene waarschijnlijk boos is op de boodschap, en niet op jou.

Je hebt wél controle over hoe de boodschap jou – de verzender – verlaat. Er is een aantal trucs die je in kunt zetten om ervoor te zorgen dat jouw bericht duidelijk maar niet agressief overkomt.

Stap 3 betreft daarom de diplomatieke basics. Het is aan te raden om de boodschap zo dicht mogelijk bij jezelf te houden. Dit zorgt ervoor dat de ontvanger van de boodschap deze niet kan opvatten als kritiek. Laten we een eenvoudig voorbeeld nemen: iemand vraagt je of je beschikbaar bent voor een vergadering, maar jij hebt wel wat beters te doen. 'Ik vind het vervelend om nee te moeten zeggen, maar toch is dat het antwoord dat ik geef' klinkt diplomatieker dan: 'Je vraagt me steeds bij dit soort stomme overleggen, terwijl je weet dat ik er geen tijd voor heb!'

De belangrijkste valkuil van 'nee' zeggen is dat je op het moment suprême gaat twijfelen en alsnog inbindt. De manier om dit te voorkomen is door van tevoren goed na te denken over wat je precies gaat zeggen en hoe. Blijf bij je punt. Bedenk ook welke reactie je verwacht van de ontvanger, en hoe je daar het best mee om kunt gaan. Schrijf je tekst eventueel uit – liefst in maximaal twintig woorden – en oefen. Hoe beter de voorbereiding van de boodschap, hoe kleiner de kans dat je jezelf en je boodschap alsnog gaat afzwakken.

De echte pro's zeggen nee en laten de ontvanger zich alsnóg goed voelen over zichzelf. Dit werkt zo: zoek naar manieren waarop je iemand een compliment kunt geven terwijl je 'nee' zegt: 'Wat een tof verzoek en wat fijn dat je aan me denkt. Normaal gesproken zou dit helemaal mijn ding zijn, maar momenteel lukt het me niet om dit in mijn agenda in te passen. Ongetwijfeld vinden jullie iemand anders voor dit toffe project!'

Stap 4 is *damage control*. Het kan voorkomen dat je van tevoren al weet dat je 'nee' niet goed gaat vallen en dat het een lastig gesprek gaat worden, bijvoorbeeld omdat je 'nee' moet zeggen tegen iemand die goed gebekt is en gewend is flink te discussiëren. In zulke gevallen kun je gebruikmaken van de techniek die artsen gebruiken voor het voeren van een slechtnieuwsgesprek: eerst heel duidelijk de boodschap vertellen en pas daarna gaan uitleggen. Dit heeft twee voordelen. Ten eerste zorg je er zo voor dat de boodschap duidelijk overkomt, zodat er geen misverstand over kan bestaan. Ten tweede geef je de ontvanger zo ook wat tijd om de boodschap te verwerken. Bijvoorbeeld: 'Je vroeg me om de komende tijd meer uren te draaien. Helaas gaat dat op dit moment niet lukken. [Stilte.] De belangrijkste redenen hiervoor zijn: ...'

De reden dat je bewust een stilte laat vallen is dat je jouw besluit ('nee!') lostrekt van de redenen daarvoor. Je besluit staat vast. Als je dat wilt, kun je nog wel iets uitleggen over de redenen, maar erover discussiëren heeft geen zin*. Laat je géén stilte vallen, dan kunnen mensen weleens denken dat ze, wanneer ze de redenen maar zoveel mogelijk bediscussiëren, je alsnog zullen ompraten. Toon in zo'n gesprek wel begrip voor de emoties van de ontvanger, maar laat je niet aan het wankelen brengen.

Stap 5: Het is goed mogelijk dat iemand je 'nee' niet accepteert, ondanks het feit dat je zo je best hebt gedaan om de boodschap diplomatiek te brengen. Helaas geldt: *haters gonna hate*. Hoe goed jij je boodschap ook voorbereidt en overbrengt, sommigen zullen hierop moeilijk, gekrenkt of teleurgesteld reageren, zeker als de betreffende ontvangers stiekem van jou verwachten dat je zonder morren alles oppakt wat ze van je vragen. Wees daarop voorbereid. Mocht je in een ge-

* Je bent overigens totaal niet verplícht om het uit te leggen. Kies je ervoor om dat wel te doen, dan is het een service aan de ander. Heb je daar geen trek in, dan geldt: *'no' is a complete sentence.*

sprek worden overvallen, dan is het altijd gerechtvaardigd om tijd af te dwingen om ergens over na te denken.

Je grenzen aangeven doe je niet voor de ander maar voor jezelf. Enige mate van weerstand is niet te voorkomen, hoe duidelijk en constructief je ook bent. Het is onmogelijk om voor jezelf op te komen én iedereen te vriend te houden. Wanneer je voor jezelf opkomt is conflict soms onvermijdelijk.

Je kunt een 'nee' zo diplomatiek mogelijk brengen, maar iedereen te vriend houden lukt niet. Je hebt niet de plicht om iedereen ter wille te zijn, met name als ze jouw 'nee' niet accepteren. Mocht je iemand treffen die je aangegeven grens steeds niet respecteert, dan kun je deze persoon het best elimineren. Nee, ik bedoel niet dat je een huurmoordenaar moet inschakelen. Ga het contact zoveel mogelijk uit de weg. Is het een vriend? Misschien is de vriendschap uitgewerkt. Een collega? Probeer samenwerking uit de weg te gaan. Je leidinggevende? Beter om voor iemand te werken die wél met je meedenkt. Is het je levenspartner? Eh... succes.

Ziehier de 5 stappen van de cursus 'nee' zeggen. Dan nu nog een verzoek van mij: lees dit hoofdstuk opnieuw om de stappen écht goed in je op te nemen. Wat? Hoor ik je weigeren? Gefeliciteerd, je bent geslaagd voor de cursus.

Kiezen voor jezelf

Jij kunt ervoor kiezen een minder druk en gehaast leven te leiden. Soms is het dan nodig om enkele gewoontes aan te pakken, zoals we in dit hoofdstuk hebben gezien. Een rustiger leven begint in je hoofd en vereist dat je over sommige dingen anders gaat denken. Een minder druk hoofd begint met het inzicht dat je een keuze hébt. Als je ook nog beseft dat je 'nee' mag zeggen en weet hoe je dat in kunt kleden, ben je helemaal los.

Er bestaat een kans dat niet iedereen staat te juichen als je deze technieken toepast. Het zou goed kunnen dat de mensen met wie je samenwerkt en samenleeft van je zijn gaan verwachten dat je taken altijd perfect uitvoert en verantwoordelijkheid neemt voor dingen die eigenlijk niet tot jouw verantwoordelijkheid behoren. Misschien heb je de verwachting gewekt dat je elk moment valt op te roepen om een probleem op te lossen dat niet van jou is. Dan kan het dus even slikken zijn voor die ander. Ja, sommige mensen zullen je zelfs minder aardig gaan vinden. Stel jezelf dan de vraag: kies ik voor anderen, of kies ik voor mezelf? Hoe dan ook, het is jouw keuze.

Minder druk zijn in je hoofd doe je dus door:

- minder te 'moeten', en zelf de touwtjes in je leven in handen te nemen;
- slimme manieren te bedenken om de dingen die je aan het uitstellen bent tóch te doen (want uitstellen kost bakken energie...);
- te weten wanneer je iets 100% perfect moet krijgen, en wanneer 'goed genoeg' ook echt goed genoeg is;
- door te weten wat wél en wat niet onder jouw verantwoordelijkheid valt (wat 'jouw wijk' is, en dus ook wat niet);
- 'nee' te durven en kunnen zeggen tegen dingen die jou niet uitkomen.

HOOFDSTUK 4 • JE BAAS IS EEN BEER

Ik ben ruim op tijd gearriveerd in hotel De Witte Zwaan. Ik meld me bij de receptie en word doorverwezen naar een van de vergaderzalen aan het eind van de gang. Echt zenuwachtig ben ik niet. Uit ervaring weet ik dat die spanning verdwijnt als ik eenmaal ben begonnen – dit verhaal heb ik al veel vaker afgestoken. Ik maak een praatje met de organisator, sluit mijn laptop aan, controleer of het juiste beeld op het scherm verschijnt en haal koffie bij het ontbijtbuffet. Dan druppelen de eerste toehoorders binnen, die tot mijn verbazing onderling Engels met elkaar spreken. Enigszins verontrust doe ik navraag bij de organisator: deze lezing is toch in het Nederlands? Ze kijkt me verbaasd aan: 'Nee hoor, in het Engels. Stond in de aanvraag!'

Zweethanden, een bonzend hart, hyperventilatie, een energieboost en de neiging om hard weg te rennen: in een gevaarlijke situatie schiet je lichaam direct in de alarmstand. Wanneer er sprake is van acuut gevaar, wanneer je bijvoorbeeld op de snelweg rijdt en de auto vóór je staat onverwachts op de rem, gaat je lichaam automatisch in de overlevingsmodus. Die overlevingsmodus speelt ook op wanneer er geen fysiek gevaar dreigt, maar er wel sprake is van mogelijk sociaal falen of gezichtsverlies – zoals bij mijn lezing in De Witte Zwaan. Met het gevoel van stress is zowat iedereen bekend. Maar wat *is* stress nu precies? En hoe werkt het?

Hormonen en zenuwstelsels

We hebben het te pas en te onpas over 'stress'. We zeggen over bepaalde omstandigheden dat ze stressvol zijn ('Bart werkt op de Zuidas, natuurlijk heeft hij stress!'), zien het als onderdeel van iemands persoonlijkheid ('Amber is wel een beetje een stresskipje, hoor!') of vinden het logisch dat bepaalde zaken stress veroorzaken ('Ik heb dus een week met zo'n fitness tracker rondgelopen, maar dat ding bleef de hele tijd zeggen dat ik niet genoeg bewoog: vette stress!'). We zien stress dus als iets dat hoort bij een situatie of persoon. Maar klopt dat ook wel?

Volgens onderzoekers is stress 'een fysieke en psychologische reactie op een stressor'. Met andere woorden: iets dat gebeurt in je lichaam én in je hoofd, op het moment dat je een stressvolle situatie oftewel een 'stressor' tegenkomt. Denk aan het gevoel dat je krijgt wanneer je merkt dat je je portemonnee kwijt bent. De stressor is in dit geval: het mogelijke verlies van je geld en belangrijke pasjes. En als reactie daarop gaat je lichaam 'aan' staan en schiet je in de overlevingsstand, tot je de portemonnee hebt teruggevonden (of het probleem op een andere manier is opgelost). Heel veel verschillende dingen kunnen zo'n stressor zijn. Om te begrijpen wat er in zo'n situatie gebeurt, gaan we kijken naar de dingen die gebeuren in je hoofd en in je lichaam.

Wanneer je te maken krijgt met een stressor, gebeurt er van alles in je hersenen en in je lijf. Je hoeft er niet over na te denken of je in de stress wilt schieten. Dit gebeurt automatisch. Je wordt je er pas van bewust als je er helemaal in zit. En dan zijn er in je hersenen al een aantal stappen doorlopen.

Deze stressreactie kent twee verschillende fases. De eerste fase – de snelle fase – heeft te maken met de alarmstand van je zenuwstelsel. Je zenuwstelsel bestaat uit je hersenen en de zenuwcellen die je hersenen verbinden met de rest van je lichaam, via je ruggenmerg. Het zorgt er onder meer voor dat je organen en spieren worden aangestuurd, en dat je via je zintuigen de wereld kunt ervaren. Het maakt dat je dit boek kunt vasthouden. Het stuurt nu je ogen aan om deze letters te lezen, en zorgt ervoor dat je snapt wat er staat. Het zorgt er ook voor dat je ondertussen blijft ademen, zonder dat je daar over na hoeft te denken (behalve nu dan).

Je zenuwstelsel heeft twee standen: de parasympathische en de sympathische stand. Als we ontspannen, staat het zenuwstelsel in de parasympathische stand. Dit zorgt er bijvoorbeeld voor dat onze spijsvertering goed werkt, dat we een goede weerstand hebben tegen ziektes, dat wondjes genezen en afvalstoffen worden afgevoerd uit ons lichaam. Wanneer we echter te maken krijgen met een bedreigende of zelfs gevaarlijke situatie, wordt de andere stand, de sympathische, geactiveerd. Het sympathische zenuwstelsel zorgt ervoor dat we binnen enkele seconden in actie schieten. De sympathische stand van je zenuwstelsel zorgt er ook voor dat je het stresshormoon adrenaline aanmaakt. Als je wel eens iets heel spannends hebt gedaan voor de kick – in een achtbaan hebt gezeten, een parachutesprong hebt gemaakt – ken je de effecten van adrenaline goed. Adrenaline maakt je actief en zorgt ervoor dat je helemaal wordt opgepept.

De tweede, tragere fase van de stressreactie volgt na een paar minuten. In de hersenen worden bepaalde hormonen aangemaakt die ervoor zorgen dat in je bijnierschors cortisol wordt aangemaakt. Cortisol is een hormoon dat je lichaam gedurende de dag sowieso al aanmaakt, maar bij stress schiet de productie ervan omhoog. Cortisol zorgt ervoor dat er extra brandstof vrijkomt voor je hersenen en voor je lichaam om je langere tijd in te kunnen spannen. Een teveel aan cortisol heeft ook negatieve effecten: je geheugen en je weerstand worden er slechter van, en je krijgt er zin van in vet en suikerrijk eten.

Vechten of vluchten

Wanneer de adrenaline door je lichaam giert, treden er allerlei lichamelijke veranderingen op. De hoeveelheid energie die je hebt schiet omhoog, doordat er razendsnel meer glucose beschikbaar komt die kan dienen als brandstof. Je hartslag gaat omhoog en ook je bloeddruk wordt hoger. Je ademhaling wordt oppervlakkiger en sneller. Er gaat meer bloed naar je armen en benen, je spieren zetten zich schrap om snel aangespannen te kunnen worden. Je spijsverteringssysteem wordt afgesloten – daar wordt even geen kostbare energie meer aan besteed. Met andere woorden: alle hulpbronnen in je lichaam worden zo herverdeeld dat je zo snel mogelijk met het gevaar om kunt gaan. Alle niet-essentiële operaties in je lichaam worden afgesloten en er gaat alleen maar energie naar de dingen die noodzakelijk zijn om te overleven. Mocht je een verwonding of blessure oplopen als je gestrest bent, dan merk je dat vaak pas als de adrenaline is uitgewerkt. De stresshormonen zorgen ervoor dat je minder gevoelig bent voor pijn.

Ook de hersenen krijgen meer brandstof, en dat merk je. Als je al een beetje moe was, voel je dat nu totaal niet meer. Je bent energiek, hebt volop aandacht en je brein draait overuren. Je hebt een gevoel van gejaagdheid of zelfs van paniek. Je krijgt soms ook last van tunnelvisie. Je bent opmerkzamer op signalen van gevaar in je omgeving. Ook je brein maakt zich klaar om bliksemsnel te reageren op een gevaarlijke situatie: rennen, nu!

Dat dit allemaal gebeurt in je lijf en in je hoofd is bepaald geen toeval. Dit mechanisme stamt uit een tijd dat mensen veel vaker geconfronteerd werden met gevaarlijke situaties. We zijn nu gewend aan relatief beschermde omgevingen, maar dat was voor onze voorouders heel anders, die leefden in beduidend gevaarlijker omstandigheden. Zo kwamen onze verre grootouders bij het zoeken naar bessen bijvoorbeeld geregeld een beer tegen. Of er stond 's ochtends een vijandige stam op de stoep. In zulke situaties was het heel belangrijk om het hoofd erbij te houden. Ons stresssysteem heeft er altijd voor gezorgd dat we hachelijke situaties het hoofd konden bieden.

Onlangs was ik op reis in een Aziatisch oerwoud. Ik zat 's avonds buiten een boek te lezen toen er opeens iets tegen mijn hoofd aan vloog – een insect ter grootte van mijn vuist, dat op het licht van de lamp af was gekomen. Ik lag op dat moment onderuitgezakt op een bank, maar drie seconden erna stond ik op de bank wilde geluiden te produceren, met mijn boek als een wapen om me te verdedigen tegen het gevaar. Dit gebeurde volledig automatisch: ik hoefde er geen seconde bewust over na te denken. Het was alsof een oerinstinct mij had overgenomen.

Deze stressreactie is onze overlevingsstand, die ons in staat stelt om snel en zonder extra denkwerk om te gaan met zulke gevaarlijke situaties. Het alarmsysteem zorgt ervoor dat alles in ons lichaam en in ons hoofd klaar staat om te vechten of te vluchten. De lichamelijke veranderingen maken dat we de confrontatie aan kunnen gaan of ons juist als de vliegende bliksem uit de voeten kunnen maken. Wanneer je brein heeft ingeschat dat in een situatie vechten noch vluchten zin heeft, is er nog een derde mogelijkheid, namelijk bevriezen. De reactie van het lichaam is dan juist om volledig stil te vallen, om zo min mogelijk op te vallen – ook een beproefde methode om te dealen met een wild dier. Dit is de reden dat we nog steeds in sommige gevaarlijke situaties als aan de grond genageld staan en geen woord kunnen uitbrengen.

Je kunt je wel voorstellen dat juist diegenen van onze voorouders die snel met gevaar om konden gaan, langer leefden. Hun genen overleefden, omdat ze zich langer konden voortplanten. Vroegere mensen die, oog in oog met een beer, dachten: Nou moe, hoe zullen we dit eens gaan oplossen?, gingen een stuk minder lang mee.

Een holbewoner op kantoor

Ons evolutionaire alarmsysteem is er dus een kei in om ons uit een hachelijke situatie te redden. Het stelt ons in staat om adequaat met gevaarlijke situaties te dealen. Wanneer we een beer tegenkomen, schieten we gelijk in de verdediging. Dit gebeurt onwillekeurig, we hoeven hiervoor geen bewuste keuze te maken. Reuze handig natuurlijk, ware het niet dat

hetzelfde alarmsysteem ons nu juist eerder ín de problemen helpt dan eruit, want onze leefomstandigheden zijn drastisch veranderd.

We zijn in beschermde gemeenschappen gaan wonen waar sprake is van veiligheid en vrede. Anders gezegd, onze culturele evolutie is de laatste millennia veel sneller gegaan dan onze fysieke evolutie. In plaats van door het bos te wandelen op zoek naar bessen, leven we nu in de jungle van de kantoorpolitiek. We hoeven niet te dealen met vijandige stammen maar wel met collega's, cliënten en de belastingdienst. We maken minder aanspraak op onze spierballen en meer op onze diplomatieke vaardigheden. De beer die we tegenkomen is dikwijls onze baas.

Ons alarmsysteem is achtergebleven in deze ontwikkeling. We mogen dan wel leven als een modern persoon met een huis, openbaar vervoer en een koelkast, maar voor ons stresssysteem zijn we nog steeds een holbewoner. Ons lichaam reageert op de 'gevaarlijke situaties' van nu – zoals een presentatie geven of een sollicitatiegesprek voeren – nog op precies dezelfde manier. Dat is onhandig, want in plaats van hard wegrennen moeten we nu scherp nadenken om ons uit de nesten te werken. En juist dat gaat een stuk moeilijker als je staat te trillen van de stress.

Ons stresssysteem is dus bepaald niet ideaal ingesteld op onze huidige leefomstandigheden. En alsof dit niet onhandig genoeg is, komt hier nog een probleem bij. Wanneer onze holbewoner-voorouders zich vroeger met succes uit de hachelijke situatie met de beer hadden gered, konden ze na enkele minuten weer helemaal ontspannen. Hun alarmsysteem hoefde maar éven aan te staan (als ze niet wisten te ontkomen, was de stressreactie ook snel afgelopen, maar dat had dan een andere reden...). Eenmaal ontsnapt door in een boom te klimmen, of met een dode beer aan hun voeten, was de rust snel weergekeerd. Dan kon het parasympathische zenuwstelsel de boel weer overnemen en het lichaam weer in ontspanning brengen: terug in hun grot konden de beentjes omhoog. Na de inspanning was er tijd voor herstel, en zo kon de holbewoner weer bijtanken.

In ons moderne bestaan stressen we om andere dingen, maar ook nog eens veel langer. Weet je dat je op vrijdag een sollicitatiegesprek zult hebben voor je droombaan, dan kun je daar al vanaf maandag over piekeren. Ons drukke, flitsende bestaan zorgt bij elkaar voor zoveel stressoren dat het soms moeilijk is uit de alarmstand te komen. De hele dag door worden we bestookt met dingen waar we stress van krijgen en zo raken we nauwelijks uit de stressstand en in de ruststand. Als je altijd op standje overleven staat, kom je nooit toe aan ontspannen.

Waar merk jij aan dat je in de alarmstand staat? Is dat een gevoel, een gedachte of merk je het aan je gedrag?

En waaraan merk jij dat je echt ontspannen bent? In welke situaties komt dat voor?

Enige mate van stress in je leven is niet te vermijden en bovendien gezond. Maar te veel stress of stress die te lang duurt is juist slecht voor je gezondheid: voor je hart en bloedvaten, voor je ademhalingssysteem, voor je hersenen en voor je mentale en emotionele gezondheid. Te veel stress hangt samen met een minder goed functionerend immuunsysteem. Uit onderzoek blijkt zelfs dat mensen die veel last van stress hebben vaker vroegtijdig overlijden.

Kortom, te lang en te vaak in de alarmstand staan is funest voor de gezondheid. De 'tropenjaren' waarin je roofbouw pleegt op je lichaam tellen bovendien op, dus hoe meer je van die perioden meemaakt hoe slechter. Ook loop je de kans om, als je maar zoveel mogelijk stress verzamelt en waarschuwingssignalen negeert, in een burn-out terecht te komen. Wat dat inhoudt zullen we in het volgende hoofdstuk zien.

Hetzelfde systeem dat ons zo goed uit gevaar kan redden, zit ons in andere situaties dus lelijk in de weg. Het reageert automatisch op stressveroorzakers en zorgt ervoor dat we op tilt slaan. En juist van die stressoren hebben we er tegenwoordig meer dan ooit.

Stressoren

Het totale stressniveau in ons leven is een optelsom van de stress die we op alle gebieden van ons leven ervaren. En op al die gebieden (werk, vrije tijd, sociaal) is ons leven werkelijk stressvoller geworden. Iemand die een veeleisende baan heeft, maar in de thuissituatie gelegenheid heeft om voldoende te ontspannen, is beter af dan iemand die zowel op het werk als thuis zwaar wordt belast. Stress kan opvlammen door een onverwachte gebeurtenis, bijvoorbeeld wanneer je in een collegezaal zit en opeens een vraag krijgt van de docent. In zo'n situatie wordt onverwachts een extra beroep gedaan op je vermogens en je aandacht. Het kan ook dat je stress oploopt van iets wat je wél aan ziet komen, maar dat heel belangrijk, ingewikkeld of veeleisend is, bijvoorbeeld een rijexamen waarop je absoluut geen fouten mag maken. In zo'n situatie is de spanning hoog en het belang groot.

Stress komt dan ook vaak door een externe factor, iets van buiten dat voor spanning zorgt. De meesten van ons komen op het werk geregeld stressoren tegen: targets die net boven je macht liggen, gesprekken met boze cliënten of opdrachtgevers, onhaalbare deadlines, een steeds maar weer vollopende mailbox of de angst voor het kwijtraken van je baan als er een reorganisatie dreigt. Ook zoiets als een presentatie houden is voor een grote groep mensen een flinke stressor. Het schijnt zelfs dat 'spreken in het openbaar' in de angsttop-10 boven 'sterven' staat.*

Onlangs stuurde mijn leidinggevende mij een e-mail: 'Kan ik je morgen om 11 uur even spreken op mijn kantoor?' Je begrijpt dat ik door deze onheilspellende boodschap een dag lang zenuwen had, ook al bleek er de volgende dag weinig aan de hand te zijn.

Buiten het werk kennen we tegenwoordig ook veel stressoren: ruzie met de buren, gedoe in je familie, problemen in je relatie en op straat aanhoudende geluidsoverlast. Ook het opvoeden van kinderen kent bijzonder veel stressoren, bij-

* Onder psychologen is dit aanleiding voor een luguber grapje: als we naar een begrafenis gaan bevinden we ons kennelijk liever ín de kist dan achter het spreekgestoelte...

voorbeeld wanneer je bezig bent veters te strikken voor het zich verzettende kind A, terwijl kind B niet ophoudt met aan je mouw trekken. Onder één dak wonen met een puber schijnt ook behoorlijk stressvol te zijn, of wanneer je dreumes midden in een koffiezaak een woedeaanval krijgt die je op een dodelijke blik komt te staan van iemand die daar aan een boek over stress zit te werken...

Een volgende categorie stressoren komt van onze telefoons, laptops, tablets en smart-tv's – technostress. Zoals Tyler Durden zegt in de cultfilm *Fight Club* (1999): '*The things you own end up owning you.*' Natuurlijk, die wondertjes van techniek verrijken ons leven, maar ze zorgen ook voor een hoop onrust en stress. En dat is dan nog wanneer ze het dóén. Vaak genoeg zeuren ze op het verkeerde moment om updates, back-ups en upgrades, en ze hebben nogal eens de neiging om het net niet te doen of stuk te gaan als je ze echt nodig hebt.

Anders dan je misschien zou verwachten, zijn het zeker niet alleen negatieve dingen (grote relatiebreuken, overlijden of faillissement) die ons langdurige stress bezorgen. In de lijst van meest stressvolle gebeurtenissen hebben trouwen, verhuizen, voor jezelf beginnen en het bereiken van de pensioengerechtigde leeftijd ook een hoge plek. Elke levensverandering heeft grote impact en doet een flink beroep op ons aanpassingsvermogen.

Een laatste categorie wordt gevormd door de stressoren in ons eigen hoofd: je zorgen maken over anderen, je uiterlijk of wat andere mensen over je denken, negatieve oordelen over jezelf ('Dit zou ik toch verdorie wel moeten kunnen! Wat ben ik toch een ezel!'), je ongerust maken over je eigen gezondheid of die van een ander, over financiën of over de toekomst. En vergeet niet dat als je slecht geslapen hebt, hongerig bent of met een lage weerstand rondloopt, je vatbaarder bent voor stress.

Breng in kaart wat jouw grootste stressoren zijn. Denk hierbij niet alleen aan je werk, maar ook aan je leven thuis, je sociale leven, familie, relaties, technostress, etc. Schrijf voor elke belangrijke stressor op: wat maakt dat je hier stress van krijgt?

Basisspanning

Dan heeft Moeder Natuur ook nog eens een wreed grapje in petto. Ben je namelijk eenmaal gestrest, dan word je heel makkelijk nóg gestrester. Dit komt omdat je spanning opbouwt. De hoeveelheid stress die je in een dag of week ervaart, telt bij elkaar op. Hoe meer stress, hoe hoger je basisspanning. En hoe hoger je basisspanning, hoe gestrester je reageert op wat er gebeurt.

Stel: op je werk ontvang je een mail van een ontevreden klant die zijn beklag doet over jou. Je alarmstand schiet aan, en je lichaam maakt adrenaline en cortisol aan. Dit zorgt ervoor dat je hartslag omhoog gaat, dat je minder helder gaat nadenken en dat je een paniekgevoel krijgt. Desondanks lukt het je heel aardig om met de situatie om te gaan. Het zorgt er wel voor dat je vervolgens al gespannen een vergadering inloopt met je leidinggevende, die aankondigt dat de deadline voor het project waar je mee bezig bent een week naar voren geschoven wordt. Normaal gesproken geen reden tot stress, maar doordat je al gespannen was, begin je er enorm over te piekeren: komt het nog wel goed, haal ik het nog wel? Eenmaal op weg naar huis maakt iemand in het verkeer een rare manoeuvre, en moet jij je inhouden om de persoon in kwestie niet de huid vol te schelden. Als eenmaal thuis je wederhelft het waagt om een ingewikkelde vraag te stellen, schiet je helemaal uit je slof.

In dit voorbeeld is sprake van verschillende stressoren die afzonderlijk van elkaar niet voor bijzonder veel stress zorgen, maar die bij elkaar opgeteld maken dat je basisspanning heel hoog komt te liggen. Er is niet sprake van één grote stressor, maar van verschillende kleinere stressoren die binnen korte termijn op elkaar volgen, en die qua stress bij elkaar optellen. Zo komt de totale hoeveelheid stress alsnog veel te hoog te liggen. Het verklaart ook waarom mensen zich soms enorme zorgen kunnen maken over kleine dingen wanneer ze gestrest zijn. Hoe hoger je basisspanning, hoe sneller je nóg meer gestrest raakt van een volgende stressor. Stress zorgt dus voor méér stress.

Hoe hoog is jouw basisspanning nu op een schaal van 1 tot 10? '1' staat voor zo ontspannen als je maar kunt zijn, '10' staat voor stuiteren van de stress.

Stel je een elastiek voor. In onbelaste toestand is een elastiek flexibel. Als je eraan trekt geeft het rubber makkelijk mee. Laat je los, dan springt hij gemakkelijk terug. Maar laat je het elastiek langere tijd onder spanning staan, dan raakt de rek eruit. Het elastiek springt een stuk minder makkelijk terug en er beginnen zelfs beschadigingen te ontstaan aan het rubber. En dan wordt de kans een stuk groter dat het bij een beetje spanning breekt.

Zo is het ook met je basisspanning. Is je basisspanning chronisch te hoog, dan heeft dit negatieve consequenties. Je bent dan, zoals ze dat noemen, roofbouw aan het plegen op je lichaam. Een structurele staat van té gespannen zijn leidt volgens onderzoekers van depressie en oververmoeidheid tot migraine en zelfs kanker. Zorg je er niet voor dat de spanning regelmatig af kan vloeien – bijvoorbeeld door ademhalingsoefeningen, door genoeg rust te nemen, door yoga of door regelmatig ontspannen activiteiten te ondernemen – dan is een te hoge basisspanning het gevolg. En dat is spelen met vuur.

Je kunt je basisspanning ook voorstellen als zo'n kleurensysteem dat het KNMI gebruikt voor alarm bij slecht weer. Zit je in het groen, dan moet er nogal wat misgaan om je van je stuk te brengen. Tegenslag loop je fluitend voorbij en zich aandienende problemen fix je wel eventjes. In alarmfase geel ligt je basisspanning al wat hoger en kan een flinke tegenslag ervoor zorgen dat je behoorlijk van de leg raakt. In het oranje stadium hoeft er nog maar weinig extra's te gebeuren om je over het randje te duwen – een verkeerde opmerking van deze of gene en het ziet zwart voor je ogen. En in de rode regionen is je basisspanning al zo hoog dat een briesje genoeg is om je te reduceren tot een huilend hoopje mens.

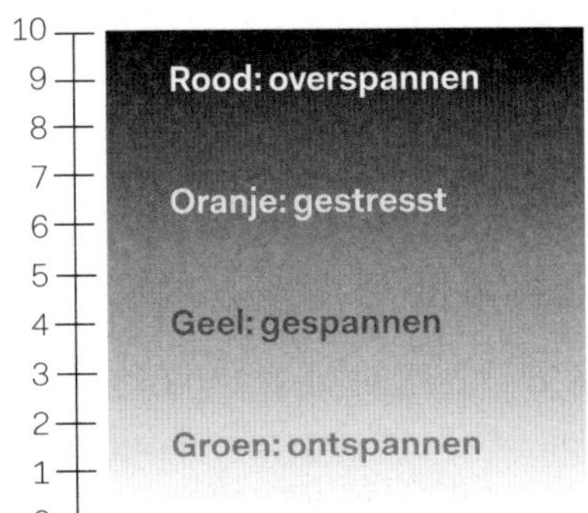

Houd gedurende een week bij hoe hoog je basisspanning is. Zet een wekker op een aantal willekeurige momenten van de dag. Gaat de wekker af, noteer dan op een schaal van 1 tot 10 (zie hierboven) hoe hoog op dat moment jouw basisspanning is. Na een week kun je patronen herkennen in op welke momenten je het meest en het minst gespannen bent.

Haal adem

Ben je geschrokken van wat je tot nu toe hebt gelezen over alle negatieve gevolgen van stress? Haal dan eens diep adem – dat helpt echt.

Hoe ben je nu aan het ademhalen? Heb je een lage buikadem, of een hogere adem vanuit de borst?

Er zijn verschillende manieren om je basisspanning omlaag te brengen. Je kunt een wandeling maken, bij voorkeur in de natuur, omdat dat stressverlagend werkt. Je kunt iemand vragen om te luisteren terwijl je al je zorgen uitspreekt. Het helpt om een aantal minuten lang iets ontspannends te doen, bijvoorbeeld een boek lezen (dat ben je nu aan het doen – *good for you*!). Zelfs spelen met een huisdier werkt stressverlagend. Maar de eenvoudigste manier om je basisspanning naar beneden te brengen is door bewust te ademen.

Je bent je doorgaans niet bewust van hoe je aan het ademen bent. Het is een automatisch proces, het gaat gewoon vanzelf. Wanneer jij je inspant (bijvoorbeeld bij het sporten) gaat je hartslag omhoog en versnelt je ademhaling. Ben je ontspannen, dan heb je een lagere hartslag en adem je minder vaak per minuut. Als je slaapt heb je een regelmatige, trage ademhaling.

Als je in de alarmstand staat, haal je sneller en oppervlakkiger adem. Je lichaam past zich aan een hoge basisspanning aan. Je kunt de spanning bewust omlaag brengen door je ademhaling aan te passen. Je forceert je lichaam daarmee om de stressrespons te stoppen. Regelmatig traag ademen wordt bovendien geassocieerd met een betere weerstand, betere hartfunctie en diepere ontspanning.

De makkelijkste manier om dit te doen is door te zorgen

dat je minder váák ademt. Ben je druk bezig of heb je stress, dan adem je over het algemeen 10-12 keer per minuut of zelfs nog meer. Voor de meeste mensen is 6-8 ademtochten per minuut qua ontspanning ideaal. Je brengt je tempo van ademen omlaag door te zorgen dat je uitademing langer is dan je inademing. Hiermee zorg je binnen enkele minuten dat je aantal ademtochten omlaaggaat. Forceer niet, het moet prettig en natuurlijk aanvoelen. Als dat niet zo is, probeer je te snel je adem aan te passen. In het begin kan het een beetje maf aanvoelen om je ademhaling te vertragen. Het is min of meer hetzelfde als bij autorijden: wanneer je van de snelweg af komt, voelt 50 kilometer per uur in de bebouwde kom onnatuurlijk traag. Ben je eenmaal aan het nieuwe tempo gewend, dan voelt het alsof je nooit anders hebt gedaan.

Een andere techniek is om na het inademen gedurende een aantal seconden je adem vast te houden voor je uitademt. Je kunt hiervoor de zogenaamde 4-7-8-techniek gebruiken, die stamt uit de pranayama, een vorm van yoga: vier seconden door je neus inademen, zeven seconden de adem inhouden en acht seconden door je mond uitademen. Heb je geen zin om tijdens het ademen ook nog te moeten tellen: er zijn goede apps te vinden die je helpen bij het timen van je adem.

Deze oefening werkt wanneer je merkt dat je gespannen bent. Zorg dat je ontspannen gaat zitten op een stoel. Gebruik je horloge of telefoon om bij te houden hoe vaak per minuut je aan het ademen bent. Neem dan een paar minuten om het tempo van je ademhaling terug te brengen naar 6-8 keer per minuut. Merk op of je verschil voelt in hoe gespannen je bent – als het goed is voel je nu meer ontspanning.

Bewust ademen is dus een doeltreffende manier om je basisspanning omlaag te brengen en stress tegen te gaan. In verdere hoofdstukken zullen we meer tips en technieken bespreken die helpen bij het indammen van stress. In hoofdstuk 6 (ALARM!) vind je een compleet stappenplan tegen grote stress. In hoofdstuk 7 (Rust in je hoofd) en 8 (Werken met aandacht) onderzoeken we welke stappen je kunt zetten om stress juist te voorkómen.

In hotel De Witte Zwaan vraag ik de organisator vijf minuten de tijd om de presentatie aan te passen. Twee daarvan gebruik ik om de belangrijkste slides te vertalen naar het Engels, en in de overige drie minuten krijg ik door mijn adem te vertragen mijn zenuwen onder controle. Bij aanvang van de lezing bibbert mijn stem nog een beetje en soms moet ik naar een woord zoeken, maar gaandeweg merk ik dat mijn verhaal in het Engels ook wel standhoudt. Toch check ik sindsdien altijd maar driedubbel in welke taal ik moet spreken: wanneer je stress kunt voorkomen is dat altijd de moeite waard!

We zijn dus tegenwoordig vaak zo gestrest omdat:

- ons stresssysteem nog komt uit een tijd waarin het binnen enkele momenten een passende oplossing moest vinden voor een gevaarlijke situatie: door te vechten, te vluchten of te bevriezen;
- we vaak veel te lang in de 'alarmstand' blijven staan.
- we tegenwoordig heel andere stressoren tegenkomen waar we veel langer om stressen;
- al die stressoren in ons werk en in ons privéleven bij elkaar zorgen voor te veel spanning in ons leven;
- onze basisspanning vaak te hoog is waardoor dingen éxtra stressvol worden.

HOOFDSTUK 5 • BURN-OUT

Burn-out is hét begrip van deze tijd. Waar tien jaar geleden de term burn-out nog spaarzaam werd gebruikt, gaat het anno 2018 bijna dagelijks over burn-outs. Op het nieuws, in de bladen en in bedrijfskantines is de term niet weg te denken. Niet alleen mensen die al jarenlang werken krijgen ermee te maken, ook starters op de arbeidsmarkt, studenten en zelfs middelbare scholieren. Er zijn burn-outcoaches, speciale expertisecentra, zelfhulpboeken en tv-programma's. Vloggers, zangers, schrijvers en topsporters komen publiekelijk uit voor hun burn-outervaringen.

De burn-out is met een opmars bezig. Inmiddels krijgt één op de zeven van de werkenden in Nederland (alle leeftijden behalve tieners en pensionado's) last van burn-outklachten. Onder 25- tot 35-jarigen is dit aantal nog hoger: één op de zes tot zelfs één op de vijf. De maatschappelijke kosten voor deze toename zijn schrikbarend. Ongeveer 4 tot 6% van de arbeidsongeschiktheidsgevallen heeft te maken met burn-out of met werkstressklachten. Een burn-out kost naar schatting 60.000 euro aan medische kosten en ziekteverzuim. De kosten van alle werkstressklachten worden in Nederland geschat op ongeveer 3 miljard euro per jaar. En de grootste tol eist de burn-out van de mensen die ermee te maken krijgen: maanden tot zelfs jaren uit de roulatie en een lange revalidatie. Al met al is het een enorme talentverspilling en kapitaalvernietiging.

Nog niet zo lang geleden dachten we dat enkel mensen van wie de persoonlijkheid op een of andere manier niet goed paste bij hun werk een burn-out kregen. Die mensen zouden niet capabel genoeg zijn, te plichtsgetrouw, te neurotisch of angstig zijn, of gewoon niet op de taak toegerust, en dus was het 'logisch' dat ze een burn-out kregen van werk dat 'normale' mensen makkelijk konden uitvoeren. Inmiddels zijn we anders naar burn-out gaan kijken: de realiteit is dat een burn-out iedereen kan overkomen. Het hoort bij de huidige, gejaagde manier van bestaan. Niet de mensen die een burn-out krijgen hebben hieraan schuld, maar onze huidige manier van werken en leven.

De Vlaamse psychiater Dirk de Wachter vergelijkt onze maatschappij in zijn boek *Borderline Times* met een speedboot. Deze boot vaart alsmaar harder en harder. Maatschappelijke en technologische ontwikkelingen volgen elkaar in steeds sneller tempo op. De eisen die aan ons gesteld worden, worden alsmaar opgeschroefd. Hoe groter de snelheid van de speedboot, hoe steviger de inzittenden zich vast moeten klampen om niet overboord te slaan. En hoe harder de boot gaat, des te meer mensen kunnen het tempo niet bijbenen. Links en rechts verdwijnen mensen in het water, niet omdat ze onvoldoende sterk, slim of spitsvondig zijn, nee: als het ergens mee te maken heeft, is het wel met de snelheid van de boot.

Burn-outs horen bij onze moderne manier van leven, waarbij de prestatiedruk zo hoog is dat we onszelf gemakkelijk voorbij hollen. We leven in een overvolle tijd, en het is niet gek dat de stress voor sommigen te veel wordt. Toch betekent dat niet dat burn-out nu een alom begrepen en geaccepteerd fenomeen is: ondanks alle BN'ers die openlijk voor hun burn-out uitkomen, is het in bepaalde sectoren nog steeds taboe. Burn-out kent nog steeds een stigma. Mensen met een burn-out hebben dan ook vaak te kampen met gevoelens van persoonlijk falen en schuld.

Als je te maken krijgt met een burn-out, ben je niet de enige en je bent niet gek. Wanneer je danst op de toppen van je kunnen, bestaat het risico om diep te vallen. Je hebt de pech dat je lijdt aan de kwaal van deze tijd, en dat is niet iets om je voor te schamen. Je bent geen loser. Hoe vervelend ook, een burn-out kan zelfs een betekenisvolle ervaring zijn.

In dit hoofdstuk kijken we naar wat een burn-out precies is, wat je ervan merkt en hoe het herstel doorgaans verloopt. We volgen de ervaringsverhalen van Eliza, Puck en Marco, en we kijken naar een van de diepere oorzaken van menig burn-out: een verstoorde relatie tussen het lichaam en het hoofd.

Wat is een burn-out?

Ik ontmoet Puck (29) in een café waar ze tweeëntwintig verschillende soorten thee hebben. Ze komt net uit haar yogales ('Vanochtend hebben we het zesde en zevende chakra gedaan') en bestelt een Chinese boomschorsthee. Puck heeft een vol leven. Ze is *serious-gaming*-expert, organisatie-adviseur én docent interculturele communicatie. Haar vrije tijd vult ze met allerhande afspraken, en als ze tijd over heeft stopt ze die in het ontwerpen van spelletjes. Ze doet regelmatig zoveel tegelijk dat ze daar last van heeft: een jaar geleden kreeg ze een burn-out.

Puck sliep slecht: 'Ik lag nachten te piekeren en sliep steevast pas om vijf uur. Twee weken lang slechts drie uur per nacht slapen, dat breekt je gewoon op. Ik was echt een zombie.' Na zo'n slechte nacht was ook het opstaan een ramp. Toen ze een keer om vijf uur 's ochtends een werkmail naar haar team stuurde, rook haar baas onraad. Hij stuurde haar een vermanend bericht ('Puck, laptop en telefoon uit, nu.') en maakte een afspraak voor haar bij de arboarts. Deze constateerde dat ze in een burn-out zat en adviseerde haar om tijdelijk te stoppen met werken.

Achteraf vraagt Puck zich af waarom ze zoveel signalen heeft gemist. In de aanloop naar haar burn-out was ze een 'emotioneel wrak'. Op haar werk leek ze vrolijk en energiek, maar thuis was ze 'een hoopje ellende'. Ze had de energie niet meer om makkelijke dingen te doen: 'De kleinste taakjes voelden als het beklimmen van de Mount Everest.' Toen ze griep had en na een aantal dagen naar haar huisarts ging, werd ze boos op hem: 'Hoezo moet ik rust houden? Ik heb toch al TWEE DAGEN uitgeziekt? Wat wil je nu nog méér van me?'

Een burn-out is als het ware het eindstation van stressklachten. Aan een burn-out gaat doorgaans een lange periode van te veel stress (of een korte periode van extreme stress) vooraf. In die stressvolle periode is de basisspanning dermate hoog opgelopen dat ontspannen niet meer lukt. Ben je in deze fase beland, dan is het vrijwel onmogelijk om je werk vol te houden én voldoende tot rust te komen. Je krijgt een burn-out wanneer je stresssysteem erg vaak wordt ingeschakeld, zo vaak zelfs dat uitschakelen niet meer lukt.

Bij een burn-out loop je een soort 'blessure' op aan je stresssysteem. Het systeem dat de stress reguleert – en jou normaal gesproken uit de alarmstand haalt – krijgt een klap en werkt niet meer naar behoren. Het raakt beschadigd en blijft daardoor 'aan' staan. Het elastiek dat al een tijd op spanning stond is bij een burn-out geknapt. Je basisspanning blijft dan hoog. Daardoor is ook normale belasting – boodschappen doen, een simpele klus wegwerken – genoeg om in de stress te schieten.

Vergelijk deze blessure van het alarmsysteem met een fysieke blessure, bijvoorbeeld van je biceps. Als je het goed doet, kun je je biceps trainen om veel gewicht te dragen. Dit doe je door regelmatig te trainen, het gewicht langzaam op te bouwen en tussendoor voldoende rust te nemen. Maar wil je te snel te veel gewicht kunnen tillen of maak je een rare beweging, dan riskeer je een blessure. Heb je de spier eenmaal geblesseerd, dan kun je gedurende een bepaalde periode helemaal niet meer belasten. Pas na een tijdje rust kun je langzaamaan weer beginnen met trainen. Pak je echter weer te snel te veel gewicht, dan loop je de kans opnieuw en ernstiger geblesseerd te raken.

Hetzelfde gebeurt bij een burn-out. Heb je tussen periodes van inspanning genoeg tijd en rust om te ontspannen, dan kun je gedurende langere tijd best wat belasting aan. Maar ontbreekt het je aan ontspanning en wil je te veel in te korte tijd, dan overtrain je jouw stressspier en blesseer je deze. Je kunt dan even helemaal geen mentale belasting aan en je wordt gedwongen totale rust te houden. Pas na genoeg rust kun je – langzaam opbouwend met kleine stapjes – weer een beetje meedraaien op je werk en in je privéleven.

Een burn-out is iets anders dan 'oververmoeid' zijn. Oververmoeidheid is een voorstadium van burn-out, waarbij je door voldoende rust te nemen weer aan het werk kunt. In dat stadium kun je dus nog ingrijpen om erger te voorko-

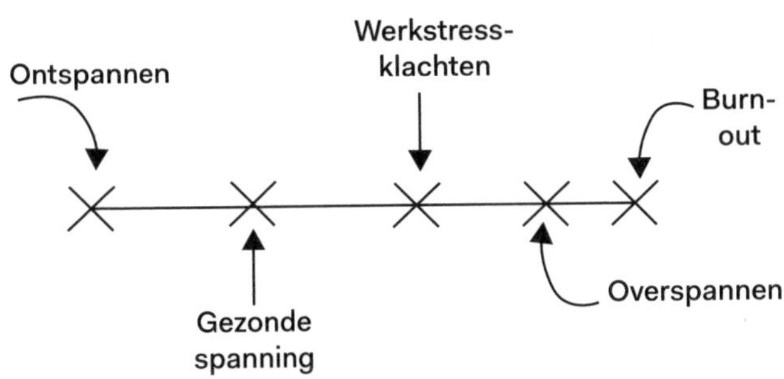

men; dat kan bij een burn-out niet meer, dan lig je er echt uit en moet je revalideren.

Eliza (31) kreeg een burn-out in de periode waarin ze voor het eerst moeder was geworden, midden in een verbouwing zat én te maken kreeg met een reorganisatie op haar werk. Het lukte haar niet om genoeg slaap te krijgen. Dat is met een klein kind sowieso al een uitdaging, maar nu lukte het helemaal niet meer. In plaats van in slaap te vallen, waren haar gedachten aan het malen. Ook eten ging niet, door een continue gespannenheid kreeg ze geen hap door haar keel. Als ze tv keek, volgde ze niet wat er werd gezegd. Er was de hele tijd onrust in haar hoofd, waardoor ze overal gespannen op reageerde: 'Alles voelde als een potentiële dreiging, voor mij of voor mijn kind. Ik had het gevoel dat ik gek werd. Ik was helemaal naar de takketyfus.'

Soms is een burn-out het gevolg van een enkele, extreem stressvolle situatie, maar vaker – zoals in het geval van Eliza – is het een optelsom van langere tijd te veel stress in je leven. Dit leidt vaak tot verbazing bij mensen met een burn-out: er was toch helemaal niet sprake van méér stress dan normaal? Dat klopt, maar je 'normaal' is zo stressvol, dat je al flinke tijd ongemerkt op je reserves draait, en die reserves zijn nu op.

De stress in ons leven is een optelsom van de onrust op verschillende gebieden: de eisen die ons werk, thuissituatie, gezinsleven, gezondheid en sociale leven aan ons stellen. Ook persoonlijke factoren (of je perfectionistisch bent aangelegd of last hebt van een groot verantwoordelijkheidsgevoel) dragen hieraan bij. Wanneer er op één gebied van je leven sprake is van te veel stress, kun je dat nog wel bolwerken, maar word je er én op je werk én in je vrije tijd aan blootgesteld, dan wordt het gevaarlijk. Dit verklaart waarom sommige mensen wel last krijgen van een burn-out en anderen (onder dezelfde werkomstandigheden) niet. Met je persoonlijkheid, de aard van je basisspanning en de manier waarop je jouw leven indeelt, kun je meer of minder 'aanleg' hebben voor het ontwikkelen van een burn-out. Maar of je nu door je aanleg en omstandigheden een klein of een groot elastiek hebt: onder te grote spanning kan hij breken.

Een burn-out is vaak een langdurig proces. Krijg je een burn-out, dan ga je een traject in van rusten, bijkomen en met hulp re-integreren op je werk. Het duurt doorgaans enkele maanden tot zelfs een of twee jaar.

Waaraan merk je een burn-out?

Een burn-out volgt niet één duidelijk verloop. Dit maakt het soms lastig om te herkennen dat het inderdaad om een burn-out gaat. Het heeft raakvlakken met bijvoorbeeld een depressie, een posttraumatische stressstoornis en het chronisch vermoeidheidssyndroom. Hiernaast kent het vaak flinke fysieke symptomen: spierspanning, pijnklachten of hoofdpijn.

Ook psychologen en artsen zijn het niet altijd eens over wat precies onder een burn-out valt*. Mensen krijgen op dermate verschillende manieren met een burn-out te maken, dat er niet één geldende beschrijving is voor de symptomen ervan. Er is zelfs internationaal geen consensus over het bestaan van burn-out: het probleem heet in de VS bijvoorbeeld een *nervous breakdown*.

Wat wél duidelijk is, is dat een burn-out vrijwel altijd volgt

* Burn-out staat ook niet als zodanig in de DSM, het diagnostiekhandboek van psychiaters en psychologen. Het valt daarin officieel gezien onder een 'aanpassingsstoornis'.

op een periode van buitensporig veel stress. Het komt doorgaans voor bij mensen die langere tijd roofbouw hebben gepleegd op hun lichaam: die te veel van zichzelf hebben geëist, te weinig rust hebben genomen of te veel hebben geleefd naar de eisen van anderen. Een burn-out is dan een manier van het lichaam om rust te forceren.

Bij stressklachten is er bijna altijd sprake van een 'aanhoudende lichamelijke of mentale vermoeidheid, of toegenomen vermoeidheid na psychologische inspanning'. Dit concludeert stressexpert Wieke de Vente in haar proefschrift *Sick and Tired*. Extreme vermoeidheid kan er dus op wijzen dat er iets mis is. Ook de volgende klachten kunnen wijzen op stressklachten: spierpijn, spierspanning in de rug of nek, gespannenheid, paniek, somberheid, hoofdpijn, irritatie, moeite met concentreren, minder plezier en motivatie, duizeligheid, slaapproblemen, maagklachten en het onvermogen om te ontspannen. Het kan ook gepaard gaan met emotionele uitputting (het gevoel 'niet meer te kunnen'), een afstandelijke en soms cynische houding naar je werk en collega's, en een gevoel van tekortschieten, van falen. Heb je last van deze dingen én wordt jouw dagelijks leven erdoor verstoord (bijvoorbeeld omdat je daardoor niet in staat bent om te werken), dan spreek je van een burn-out.

Marco (26) was enthousiast begonnen met zijn stage als redacteur bij de radio. Net als bij veel van de andere dingen waar hij zich mee bezig hield – een theatergroep runnen, drie keer per week sporten, zijn scriptie schrijven – stortte hij zich vol overgave op de nieuwe uitdaging. In de eerste weken van zijn stage maakte hij in hoog tempo baanbrekende items. Een week of twee later begon hij vast te lopen. Hij raakte in zijn stage achterop en kreeg conflicten met collega's omdat hij gespannen en geïrriteerd overkwam. In een lastig functioneringsgesprek besloten hij en zijn leidinggevende de overeenkomst te ontbinden.

In dezelfde tijd kreeg Marco een paniekaanval. Hij stond in het pashokje van een kledingzaak toen het opeens zwart werd voor zijn ogen en hij begon te hyperventileren: 'Ik wist niet hoe snel ik weg moest komen. Ik trok de kleren uit die ik aan het passen was en ging als een speer naar buiten.' Deze paniekaanval was voor Marco het teken dat het tijd was om in te grijpen: 'Ik ben in bed gekropen. Ik kreeg niets naar binnen, helemaal niks lukte. Ik moest echt bijkomen.'

Wat opvalt aan de verhalen van mensen die met een burnout te maken krijgen, is dat ze vaak pas heel laat door hadden dat er iets verkeerd zat. Eliza ging door tot het écht niet meer ging. Puck moest door haar baas worden afgeremd voordat ze rust nam. Marco greep pas in nadat hij een heftige paniekaanval kreeg. Marco: 'Ik dacht altijd: een burn-out, dat krijg ik echt nooit. Dat is iets voor oude mensen!'

Toch is het niet vreemd dat we te laat ingrijpen. Voor onszelf zijn we dikwijls een stuk strenger dan we voor anderen zouden zijn. Liever dan je kwetsbaarheid toegeven, spreken we onszelf streng toe. Je kunt jezelf wijsmaken dat je nog wel even door kunt, dat het vanzelf wel weer beter zal gaan. Onder stress worden onze beslissingen – ook die over ons eigen welzijn – moeilijker. Juist onder invloed van stress zijn we sneller geneigd om halsstarrig door te blijven ploeteren en minder goede keuzes te maken over onze gezondheid.

Vaak genoeg is het iemand anders die je met de neus op de feiten moet drukken of aan de noodrem moet trekken: een huisgenoot, leidinggevende, collega, arboarts of psycholoog. De stress is voor jou zo normaal geworden dat je het zelf niet meer opmerkt. Een ander kijkt er met de blik van een buitenstaander naar en merkt wél op hoe gestrest je bent. Mocht je van iemand horen dat je er gejaagd uitziet of een gestreste indruk maakt, dan is het verstandig om dit serieus te nemen.

Krijg je signalen van mensen om je heen die zich zorgen maken? Zit je in de gevarenzone? Stap dan over je trots heen en schakel hulp in, van vrienden, geliefden, huisgenoten of leidinggevende. Als je zorgen hebt over je stressniveau, is het verstandig om gas terug te nemen en je te laten adviseren door een (arbo)arts of psycholoog. Ontkennen en puur op wilskracht doorgaan is het stomste wat je dan kunt doen.

De schaamte voorbij

Nadat je door een burn-out bent gedwongen te stoppen met werken, volgt er doorgaans een periode van enkele weken tot enkele maanden waarin je zoveel mogelijk rust neemt. Vaak lukken in die eerste fase veel dingen niet die normaal gesproken wel gewoon konden: tv-kijken bijvoorbeeld, of je concentreren op het gesprek dat je aan het voeren bent. Je basisspanning is continu torenhoog. Soms is boodschappen doen een te grote opgave. Een rustige omgeving met niet al te veel prikkels is een vereiste.

Voor veel mensen in een burn-out zijn het niet de fysieke beperkingen die het zo moeilijk maken, maar het accepteren van de situatie. Als je een burn-out hebt, word je namelijk genadeloos geconfronteerd met je eigen grenzen. Je komt erachter dat er een limiet zit aan wat je kunt doen. Het kan voelen alsof je faalt, alsof je de mensen om je heen teleur moet stellen en jezelf misschien nog wel meer.

Ook Puck had moeite om haar situatie te accepteren. In de eerste fase van haar 'officiële burn-out' kon ze moeilijk accepteren dat ze tegen haar grenzen aan was gelopen. Ze schrok ervan dat ze niet de supermens was die ze graag wilde zijn. Het lukte haar niet echt om te lezen, dus staarde ze veel uit het raam en dacht na. Toen ze weer wat meer aankon, probeerde ze zich juist zo snel mogelijk uit haar burn-out te werken: 'Zélfs een burn-out wilde ik goed doen. Mijn tafel lag vol zelfhulpboeken, naast de vieze borden en kopjes. Ik wist precies door welke fases mijn burn-out volgens de boeken zou gaan. "Als ik deze twee weken nu heel erg ga uitslapen, dan kan ik de week daarop weer met één dingetje beginnen", dacht ik dan. Het werd een obsessie.'

Gevoelens van onvermogen, ontkenning en teleurstelling komen in de eerste fase van een burn-out regelmatig voor. Het duurt meestal een tijd voordat je kunt accepteren dat je minder aankunt dan je dacht. En daar horen ook gevoelens van schuld bij, zo merkte Eliza: 'Elk moment dat ik even niets deed, voelde ik me schuldig, omdat ik niet aan het werk was. Langzaam kwam er een waardevol besef, namelijk: ik heb het recht om gewoon te "bestaan" en te "leven", ik hoef niet te werken als tegenprestatie. Achteraf klinkt dat een beetje stom: dat is toch eigenlijk logisch?'

Bij Eliza hielp het om een officiële diagnose te krijgen. Pas toen ze van haar arts de diagnose burn-out kreeg, kon ze accepteren wat er met haar aan de hand was. Daarvóór voelde ze zich vooral 'crazy', daarna kon zij het toegeven: 'Dat is het fijne aan een diagnose, het heeft opeens een naam.'

Juist omdat je in een burn-out weinig kunt, word je flink met jezelf geconfronteerd. Je wordt gedwongen om in het reine te komen met moeilijke gevoelens van schuld en schaamte. Je moet opnieuw uitvogelen wat je waard bent, ook zonder je werk en je verplichtingen. Pas wanneer je erachter bent dat je ook los van je werk en je prestaties de moeite waard bent – zélfs wanneer je kwetsbaar en zwak bent – kan het echte herstel beginnen.

Herstellen van een burn-out

Nadat je in het begin van de burn-out verplicht een pas op de plaats hebt gemaakt, kun je in de volgende fase steeds iets meer aan. Probeer dingen te vinden die niet al te veel energie kosten maar wel energie opleveren. Wandelen in de natuur bijvoorbeeld, of lezen, als dat lukt.

De belangrijkste valkuil van het herstellen van een burn-out is te snel weer te veel willen. Veel mensen in een burn-out gaan te snel weer aan het werk, bijvoorbeeld vanuit de gedachte: Dit kon ik eerst toch ook makkelijk doen? Of: Mijn collega's kunnen dit ook allemaal. Zo riskeer je echter dat je opnieuw forceert en terug bij af bent. Helaas kent menig burn-out een patroon van gedeeltelijk herstellen en dan weer terugvallen.

Revalideren na een burn-out is een langdurig proces. Het is belangrijk de tijd te nemen om echt te herstellen en hierbij niet te veel hooi op je vork te nemen. Het lichaam herstelt zich na de blessure van het stresssysteem en went langzaam weer aan enige belasting. Dat is een ingewikkelde balansoefening: aan de ene kant moet je minder doen dan je zou willen, aan de andere kant tast je de grenzen van je mogelijkheden af: wat op dat moment te doen is voor jou.

De burn-out van Puck duurde uiteindelijk vijf maanden, met vallen en opstaan. Belangrijk in haar herstel waren een cursus mindfulness, een vaste wandeling door de duinen en het instellen van een 'Puck-dagje', waarin ze alleen maar leuke dingen mocht doen van zichzelf. Zo maakte ze vaak met een boek op schoot een treinreis door het land.

Marco lukte het thuis niet om tot rust te komen: er waren te veel prikkels en de continue drang om maar iets te gaan doen. Op advies van zijn psycholoog besloot hij om een poosje uit zijn omgeving weg te gaan. Via een uitwisselingsproject vond hij een plek op het platteland van Slowakije, waar hij via een vriend mensen kende: 'Ik ging naar een huisje in het bos waar niemand me stoorde. Amper internet, geen stoorzenders, af en toe een beetje vissen. Pas toen lukte het om te ontspannen.'

Eliza nam drastische maatregelen om uit haar burn-out te komen. Ze stopte cold turkey met tv-kijken en de krant lezen. Ze ging elke dag op dezelfde vroege tijd naar bed, zorgde ervoor dat ze lang genoeg sliep en hield op met snoepen ('een stabiele bloedsuikerspiegel is echt dé shit!'). Afspraken met vrienden konden wel, mits niet te intensief: twee uur per keer, maximaal drie keer per week. Ze begon dagelijks te mediteren en wandelde veel in de natuur. Eliza: 'Ik had het gevoel dat ik weer begon te leven. Ik werd weer echt matties met mezelf. Ik kreeg allerlei herinneringen terug. Goede herinneringen, over wie ik ook weer was en wat ik leuk vond. Ik kon weer schoonheid ervaren. Dat was zo lang geleden!'

Na deze fase kun je weer gaan denken aan werk. Het valt echter bepaald niet aan te raden om meteen weer je volledige werkweek te draaien. De terugkomst op je werk gebeurt idealiter in kleine stapjes, onder begeleiding van een (arbo)arts. Doorgaans begint dit met tijd doorbrengen op je werkplek zonder dat je gelijk begint met werken: koffiedrinken met collega's, acclimatiseren. Zo merk je wat het met je doet om weer in je werkomgeving te zijn. Na enige weken kun je bijvoorbeeld een halve dag gaan werken, en doe je eenvoudige taken waar weinig druk achter zit. Je hebt dan nog geen verantwoordelijkheid en bent gewoon aan het wennen. Vanaf daar werk je in stapjes toe naar je oude werkbelasting.

Het is goed mogelijk om helemaal te herstellen van een burn-out. Hiervoor zul je wel hulp en support nodig hebben.

Maar met het juiste tempo, de juiste begeleiding, én een heroverd vertrouwen, kom je er helemaal uit. Je moet er echter wel voor zorgen dat jij jezelf niet meer voorbij loopt en goed naar je lichaam luistert.

Hé lijf, hoe is het?

In haar boek *De herontdekking van het lichaam* (2016) schetst Bregje Hofstede de omstandigheden van haar burn-out. Centraal in haar verhaal staat haar lijf. Ze geeft aan dat een van de oorzaken van haar burn-out lag in het jarenlang ontkennen van haar lichaam. Als schrijver legde ze zich vooral toe op haar intellectuele kant en vergat ze liever haar 'lastige' lichaam.

Ze schrijft: 'Tijdens de maanden dat ik in een stoel bij het raam zat, met min of meer nutteloze ledematen en een brein zo groot als een walnoot, en terugkeek op wat me hier gebracht had, bedacht ik me dat mijn lichaam misschien méér was dan een scorebord dat registreerde wat er in mijn geest was misgelopen. Had ik het zo bont kunnen maken als ik van meet af aan anders met mijn lichaam was omgegaan?'

We leven in een tijd waarin we zoveel doen met ons hoofd dat je makkelijk kunt vergeten dat je ook nog een lichaam hebt. We zijn erg op de ratio, op het brein gericht. We geloven in de mythe dat je dingen kunt bereiken 'als je maar genoeg je best doet'. En ons best doen, dat doen we het liefst met ons hoofd. Van ons lichaam verwachten we topprestaties. Hoezo moe? Hoezo niet helemaal lekker? Zet gewoon een tandje bij! Vaak genoeg proberen we met wilskracht ons lijf in het gareel te krijgen wanneer het niet doet wat wij willen. Lukt het niet met wilskracht, dan doen we dat met cafeïne, amfetamines of antidepressiva.

Het is gemakkelijk om je te gaan voelen als een soort brein op pootjes. Als we ons al bewust zijn van ons lichaam, dan vaak omdat er iets aan schort of niet aan de gangbare normen voldoet: het is te dik, te dun, te lang, te kort, niet afgetraind genoeg, te puntig of te rond op de verkeerde plekken. Het rent niet hard genoeg, springt niet hoog genoeg, danst niet soepel genoeg of verleidt niet sexy genoeg. Met het oog op de perfecte billboardlichamen waar we ons mee meten, valt ons eigen exemplaar eigenlijk altijd tegen.

We vergeten ons lichaam dus maar het liefst. Die lastige seintjes van moeheid, wel of geen trek, of het rustiger aan moeten doen: we worden er minder gevoelig voor. Daarom lukt het ons om jarenlang roofbouw te plegen, tot het echt niet meer gaat. Alsof we automobilisten zijn die op de snelweg heel hard rijden en de waarschuwingsborden met de maximumsnelheid stelselmatig negeren: de consequenties komen later wel.

Voor Bregje Hofstede stond haar burn-out in het teken van de herontdekking van haar lichaam: uit het hoofd en in het lijf. Ook voor Eliza en Puck was beter luisteren naar het lichaam een fundamenteel onderdeel van het herstelproces. Puck: 'Door te mediteren kwam ik er opnieuw achter dat ik een lichaam had, dat je lichaam tegen je praat, dat dat ook best belangrijk is en dat je daar lief voor moet zijn. Dit voor de hand liggende inzicht werd ontzettend belangrijk voor mij. Het was echt een eureka-moment.'

Eliza vraagt zelfs meerdere malen per dag: 'Hé lijf, hoe is het?' Ze gaat er dan bewust voor zitten om bij zichzelf te checken hoe het met haar lichaam is. Blijkt ze zich vermoeid te voelen, of juist onrustig, dan past ze haar planning daarop aan, of ze nu andere plannen heeft of niet. Voor Eliza komt éérst het lijf en dan pas wat er moet. Pas wanneer ze zich ervan bewust is wat haar lijf wil, kan ze de stress buiten de deur houden.

Neem een moment de tijd om bij jezelf te rade te gaan: hoe is het nu met jouw lijf? Wat heeft het nodig? Is er vermoeidheid, honger, slaap, hoofdpijn? Wat zou je het nu kunnen bieden?

Na de burn-out

Ik vraag Marco zich voor te stellen dat ik een grote rode knop heb meegenomen. Ik geef hem de keus: als je op deze knop drukt, wis je de hele burn-out-episode uit je geschiedenis. Zou hij die knop dan indrukken? Zonder een seconde te hoeven nadenken zegt hij resoluut 'nee': 'Ik ben best wel blij dat ik een burn-out heb gehad, al is dat raar om te zeggen. Het heeft me mede gevormd. Ik weet nu meer over mezelf en mijn drijfveren, en weet ook beter hoe ik met de stress in mijn leven moet omgaan. Het is een enorme levensles geweest. Natuurlijk, het was ook een flink offer. Maar het is wat het is.'

Wanneer ik haar vraag wat ze van haar burn-outervaring heeft geleerd, zegt Puck dat ze meer heeft leren vertrouwen op haar lichaam. Ze laat zich leiden door hoe haar energie is en neemt zodoende vaker zelf de regie over haar leven. Ze raadt iedereen in een burn-out aan om vooral voor zichzelf te kiezen: 'Durf vaker "nee" te zeggen. Niet alleen omdat dit ervoor zorgt dat je leven rustiger is, maar ook om te bewijzen dat je zelf een keuze kunt maken. Je mag best vaker je eigen pad kiezen, in plaats van de snelweg waar iedereen overheen dendert.'

Burn-out is echt niet alleen voor de kwetsbaren of 'zwakken' onder ons, maar kan onder bepaalde omstandigheden iedereen overkomen. En hoezeer het ook botst met het idee dat ons leven 'perfect' moet zijn: ook negatieve levenservaringen horen daarbij. We worden bepaald door onze grote successen én onze grootste uitdagingen. Tegenslag hoort erbij, dat is niet meer dan normaal. Daar hoef je niet over te fluisteren, daar mag je – zoals Puck, Eliza en Marco – ruiterlijk voor uitkomen.

Een burn-out is dus:

- het 'eindstation' van stressklachten en een soort blessure aan je stresssysteem;
- een toestand waarin je vooral rust moet nemen en moet bijkomen van de opgebouwde stress;
- vaak een gevolg van jarenlang je lichaam proberen in het gareel te houden met je wilskracht;
- vaak een fase van vallen en opstaan, met teleurstelling maar ook met nieuwe inzichten over jezelf;
- goed te behandelen met voldoende rust en een gefaseerde re-integratie op het werk.

Intermezzo: relax!

Stel je het volgende voor:

Je bent op een tropisch eiland op een strand. Het is een stralende dag en je staat in de schaduw van een palmboom. Je ziet de schittering van de zon op het wateroppervlak. Er blaast een prettig briesje dat de nodige verkoeling geeft. Er is verder niemand op het strand, afgezien van een zeemeeuw die schreeuwend overvliegt.

Je loopt een paar meter naar de branding. Het hete zand knispert onder je blote voeten. Je stapt het water in en zakt een paar centimeter weg in het natte zand – het water is niet te koud maar verkoelend, op precies de juiste temperatuur. Je ademt diep in: je ruikt de zilte oceaanlucht. Je hoort het ruisen van de wind, het ritselen van de palmbladeren, en verder helemaal niets.

Je hebt geen verplichtingen aan je hoofd. Niemand hoeft iets van je. Er is nu niets waar jij je tijd beter aan kunt besteden dan hier zijn. En al zou je dat willen: er komt pas over een paar uur weer een boot die je terug kan brengen naar het vasteland. Je kunt hier niet gestoord worden. Je hebt niets anders aan je hoofd, bent ontspannen, vrolijk en energiek en volkomen zorgeloos.

Je draait je om en loopt terug naar je plek in de schaduw. Er staat een strandstoel, waar je op gaat liggen. Op een tafeltje ernaast staat een verse kokosnoot met een rietje erin. Ze hebben er zelfs een satéprikker met een stukje watermeloen ingestoken. Het smaakt sappig en zoet. Je zakt achterover in je strandstoel en doet je ogen dicht.

Je wordt wakker wanneer je voelt dat twee handen je nek en je schouders masseren. Je kijkt achterover, recht in het lachende gezicht van iemand van wie je houdt. Deze persoon gebiedt je jouw ogen weer te sluiten en te ontspannen. Je geeft je over aan een ontspannende rugmassage...

Hoe voel je je nu? Waarschijnlijk een stuk meer ontspannen dan voordat je dit stukje tekst las. Dit komt doordat er bepaalde dingen zijn die je kunt doen in je hoofd om te zorgen voor meer rust, zoals je zo levendig mogelijk een ontspannen situatie voorstellen. Verderop in dit boek zullen we nog een aantal van deze technieken tegenkomen.

Voor nu – als je ontspannen genoeg bent – laten we verder gaan.

HOOFDSTUK 6 • ALARM!

Omgaan met stress is eigenlijk bepaald niet ingewikkeld. De dingen die je kunt doen tegen stress hebben een hoog opendeurgehalte: genoeg slapen, gezond eten, meer bewegen, tijd voor jezelf nemen, de werkdruk en het aantal afspraken verminderen en niet-essentiële dingen afzeggen.

Uit onderzoek blijkt dat mensen over het algemeen best weten wat ze tegen stress zouden kunnen doen. Toch blijkt dat de meeste mensen dat, ondanks dit inzicht, vervolgens niet dóén. Psychologisch gezien is dit erg interessant: waarom doen mensen ongezonde dingen (alcohol drinken, ongezond eten) terwijl ze weten dat het slecht voor hen is? Waarom zorgen we slecht voor onszelf? In het geval van stress zijn er twee redenen aan te wijzen: l) omdat wat we op de korte termijn willen, nogal eens op gespannen voet staat met wat we op de lange termijn willen en 2) omdat we het vermogen hebben onszelf mooie verhalen te vertellen.

Mocht je ooit hebben gerookt, dan heb je ervaring met hoe je jezelf kunt overtuigen van een slecht idee. Roken is typisch zo'n voorbeeld van gedrag waarbij het doel op de korte termijn (zo'n lekkere sigaret wegwerken) in tegenspraak is met het doel op de lange termijn (lekker lang gezond doorleven).

In zo'n geval ontstaat er een probleem. Het is voor mensen namelijk onmogelijk om dingen te doen waar ze het zelf niet mee eens zijn. Je kunt geen gedrag vertonen waarvan je de overtuiging hebt dat je dit niet zou moeten doen; dat noemen we 'cognitieve dissonantie'. Dit probleem kan op een makkelijke en een moeilijke manier worden opgelost. De moeilijke manier is stoppen met het schadelijke gedrag, in dit geval roken. Dit lost het probleem op, maar is ingewikkeld omdat roken hartstikke verslavend is. Lukt dit niet (en heel veel rokers lukt dit niet!), dan kies je voor de makkelijkste manier: veranderen hoe je over het gedrag dénkt. Wanneer je je gedrag niet kunt aanpassen, moet je jezelf voor de gek houden door jezelf te overtuigen dat dit gedrag bij jou niet zal leiden tot een negatief resultaat. En hier steekt ons wonderbaarlijke vermogen de kop op om onszelf allerhande bullshit te verkopen. Daarom zeggen rokers tegen zichzelf dingen als: 'Roken is alleen voor sommige mensen schadelijk. Mijn tante werd 95 en rookte ook', of: 'Ja, ik rook nu dan wel, maar als ik wil, kan ik er zo van af!'

In welk opzicht zou jij wel wat beter voor jezelf kunnen zorgen? Denk aan: gezond eten, slaap, regelmatig sporten, drinken, roken, etc. Op welke manier hou jij jezelf daarin soms voor de gek?

Dit is ook aan de hand bij stress. Met te druk zijn gaan we vaak te lang door. Hoewel we een ander in diezelfde situatie zouden adviseren het rustiger aan te doen, blijven we zelf stug doorgaan. 'Over vijf weken heb ik vakantie, dan kan ik ontspannen', denk je dan, of: 'Het is niet anders, ik moet nu gewoon doorzetten, even de tanden op elkaar.' Zolang je jezelf kunt overtuigen dat straks alles beter wordt, dat je nog eventjes moet volhouden, ga je door op dezelfde manier. Net als bij roken, grijp je pas in als de nood hoog is, en dan ben je eigenlijk al te laat. Ben je eenmaal in een burn-out terechtgekomen, dan helpt 'rustiger aan doen' niet meer. Dan lig je er echt uit en moet je herstellen.

Dus ook al is goed voor jezelf zorgen bepaald niet sexy, het is wel broodnodig. Jij bent de enige die voor jou kan zorgen, dat kun je niet aan anderen overlaten. Het recept om gezond om te gaan met stress is: je eigen alarmsignalen kennen en herkennen, en meteen stappen nemen om de drukte in je leven te verminderen. Dit klinkt een stuk makkelijker dan het is. Je hebt hier de volgende vaardigheden voor nodig: noodzakelijk onderhoud van je lichaam, je alarmsignalen herkennen, durven ingrijpen als het nodig is én een noodplan formuleren voor wanneer de pleuris uitbreekt.

Noodzakelijk onderhoud

We zouden het in onze huidige tijd bijna vergeten: we zijn niet alleen ons brein, we zijn een stuk meer dan dat. Onder dat brein hangt een heel lichaam dat iets wil, dat aandacht verdient en onderhoud nodig heeft. Vergeet je dit, dan raak je geheid in de problemen. De allereerste stap bij stress is dan ook: je afvragen of je lichaam iets nodig heeft.

Binnen de psychologie is altijd uitgegaan van een strenge tweedeling tussen lichaam en geest. Psychologen hielden zich bezig met wat er 'tussen de oren' gebeurt, en het lichaam, dat was niet onze verantwoordelijkheid, daarvoor ging je maar naar een arts, een fysiotherapeut of een sportschool. Pas zeer recent is binnen de psychologie het besef gegroeid dat lichaam en geest diepgaand met elkaar verbonden zijn, veel meer dan we oorspronkelijk dachten.

De nieuwste inzichten wijzen erop dat onze geestelijke gesteldheid in hoge mate wordt bepaald door onze lichamelijke staat. We weten uit onderzoek dat mensen betere beslissingen nemen wanneer ze nodig moeten plassen, al begrijpen we nog niet goed waarom. 'Psychologische' pijn – zoals die van sociale uitsluiting, buiten de groep vallen – wordt door ons brein op dezelfde manier verwerkt als lichamelijke pijn, zo blijkt uit hersenscans. En tegen deze sociale pijn kun je zelfs paracetamol nemen!

Dat er geen duidelijke grens is tussen lichaam en geest, zien we ook bij stress. Zo heb je meer last van stress wanneer je weerstand laag is of wanneer je een griepje onder de leden hebt. Als je slecht geslapen hebt, zijn dingen sneller stressvol dan wanneer je uitgeslapen bent. Niet alleen komt stress eerder voor als je niet lekker in je vel zit, je kunt het ook bestrijden door voor je lichaam te zorgen. Zo weten we nu dat beweging en sport (naast reguliere therapie) helpen bij het behandelen van depressie. Een gezond slaappatroon is een beschermende factor tegen het ontwikkelen van allerlei psychologische stoornissen. Ook een gezond dieet werkt stressverlagend.

Dat is goed nieuws. Wanneer je besluit iets aan je stress te doen, hoeft dat niet te betekenen dat je je hele leven overhoop moet halen. Meer aandacht voor je lichaam kan al veel schelen. Bij de Canadese psycholoog Jordan B. Peterson is dit zelfs het eerste waaraan hij met zijn cliënten werkt: 'Ik heb veel cliënten gehad bij wie hun angst tot een normaal niveau daalde, alleen maar omdat ze begonnen met regelmatig slapen en omdat ze begonnen te ontbijten.'

Je kunt je stress dus reduceren door aanpassingen in je levensstijl. Met andere woorden: de stress laten dalen begint bij het uitvoeren van het noodzakelijke onderhoud aan je lijf. En het is nu juist dit onderhoud dat er bij gestreste mensen snel bij inschiet. Beginnen met goed voor je lichaam zorgen kost – zeker in drukke tijden – wilskracht, maar heeft vrijwel direct een groot resultaat.

Eet je voldoende en gezond? Bijna iedereen kent het fenomeen *hangry*, een samentrekking van *hungry* en *angry*. Wanneer je trek hebt, kun je opeens heel geïrriteerd worden over dingen waar je je normaal niet aan zou ergeren. Wanneer je gegeten hebt, ziet de wereld er weer rooskleuriger uit. En hoeveel koffie drink je eigenlijk? Als je om wakker te blijven elke dag een liter koffie naar binnen werkt, is het niet gek dat je je onrustig voelt...

Volgende station bij deze check-up: slaap. Voldoende slaap is een voorwaarde voor het lichaam in het algemeen en de hersenen in het bijzonder. Te weinig slaap wordt in verband gebracht met een verminderde reactietijd en het nemen van onverstandige beslissingen, meer nog dan een paar glazen alcohol. Om stress tegen te gaan, is een regelmatig slaapritme – min of meer op dezelfde tijd naar bed, min of meer op hetzelfde moment wakker worden – noodzakelijk. Je hoeft je hier niet altijd aan te houden, maar wel het grootste deel van de tijd. Het is ook niet noodzakelijk om acht uur te slapen, vooral de regelmaat telt.

Tot slot: hoe deel jij je vrije tijd in? Doe je dat met zoveel mogelijk of juist zo min mogelijk activiteit? Je kunt in je vrijetijdsbesteding onderscheid maken tussen 'actieve' en 'passieve' vrije tijd. Actieve vrije tijd breng je door met hobby's, sporten, vrienden of familie. Het zijn de uren waarin je leuke dingen doet die niets met werk te maken hebben maar je wel voldoening en energie geven. Dit staat tegenover passieve vrije tijd: een boek lezen, tv-kijken, rusten. Passieve vrije tijd is eigenlijk hersteltijd waarin je je reserves weer opbouwt. In een ideale verdeling heb je zowel actieve als passieve vrije tijd – het een om je zinnen te verzetten, het ander om bij te komen. Is je vrije tijd bijna altijd actief, dan heb je een superenergiek leven, maar onvoldoende tijd om bij te komen.

Op welk van de genoemde gebieden is er bij jou achterstallig onderhoud? Dan is het nu tijd om daar iets aan te doen.

Je alarmsignalen (her)kennen

Fysiek	Cognitief
Spanningsklachten (nek, schouders)	Concentratieproblemen
Onverklaarbare pijntjes	Alleen het negatieve kunnen zien
Hoofdpijn	Je zorgen maken of piekeren
Verlies van libido	Geheugenproblemen
Steeds verkouden worden	Moeilijker beslissen / veel twijfelen
Hartkloppingen	Veel gedachten / een onrustig hoofd
Emotioneel	**Gedrag**
Gespannen gevoel / opgefokt zijn	Uitstelgedrag
Irritatie / een kort lontje	Jezelf afzonderen
Gedeprimeerd of ongelukkig gevoel	Te veel of te weinig eten
Eenzaamheid	Te veel of te weinig slapen
Emotionele wisselvalligheid	Excessief alcohol- of drugsgebruik
Chagrijnig zijn	Zenuwtics (bijv. nagelbijten)

Stress doet met verschillende mensen verschillende dingen. Niet iedereen ervaart stress op dezelfde manier. Er zijn tientallen manieren waarop stress zich kan uiten. Deze symptomen verschillen drastisch tussen mensen, maar zijn per persoon wel redelijk constant. Waar merk jij stress aan? Krijg je als je veel stress hebt last van spierspanning in je schouders, dan weet je dat dit je rode vlag is. Op het moment dat je spanning begint te voelen, is het tijd om in te grijpen. Het is van groot belang om jouw eigen waarschuwingssignalen, je eigen 'stressvingerafdruk', te kennen.

Het overzicht op de vorige pagina geeft een opsomming van de meest voorkomende stresssignalen. Dit is geenszins een uitputtend overzicht; er zijn nog veel meer symptomen die mensen kunnen ervaren onder invloed van stress. Het zal niet zo zijn dat je álle alarmsignalen herkent (en dat is maar goed ook!), maar de kans is groot dat jouw specifieke symptomen ertussen zitten.

Stress heeft fysieke, cognitieve, emotionele en gedragssymptomen. Met andere woorden: stress merk je aan hoe je denkt, aan je emoties, aan wat je voelt in je lichaam en aan hoe je handelt. Vaak signaleer je stress op verschillende van deze gebieden.

Voor veel mensen zijn de fysieke symptomen van stress het meest in het oog springend. Stress kan zorgen voor hoofdpijn, onverklaarbare pijntjes in de rug of in de gewrichten. Het kan zorgen voor een verstoorde spijsvertering (diarree of obstipatie), misselijkheid of duizelingen, een versnelde hartslag of druk op de borst. Een afgenomen of verdwenen libido is soms ook een gevolg van stress. Wanneer je om onverklaarbare redenen chronisch verkouden bent, kan dat tevens een gevolg zijn van stress: die zorgt immers voor een verminderde weerstand.*

---

* Hier is een waarschuwing op zijn plaats. Ik ben geen arts, en ik zou hier niet de indruk willen wekken dat ik iets af weet van jouw lichamelijke gesteldheid. De beschreven symptomen kunnen ook andere oorzaken hebben dan stress. Maak je je zorgen om een van deze dingen? Breng dan een bezoek aan je huisarts.

Stress kent ook cognitieve symptomen, die dus met je denken te maken hebben. Over een aantal hebben we het eerder gehad: minder goed keuzes kunnen maken en een verminderd overzicht hebben van een situatie. Andere cognitieve symptomen zijn: moeite hebben je te concentreren, geheugenproblemen (bijvoorbeeld niet meer op een woord kunnen komen dat je normaal gewoon weet), piekeren over details, een hoofd dat niet stil wil staan, een focus op enkel negatieve dingen.

Van de emotionele symptomen van stress hebben we er ook al een paar gezien: een kort lontje, irritatie naar jezelf en de mensen om je heen en gejaagdheid. Andere emotionele alarmsignalen zijn: humeurig zijn, het gevoel te veel op je bord te hebben, gevoelens van eenzaamheid, angst of verdriet.

Stress merk je dus niet alleen aan wat je voelt in je lichaam en wat er gebeurt in je hoofd, maar ook aan je gedrag. Gedragssymptomen van stress omvatten onder andere: weinig of juist heel veel slapen, te weinig of te veel eten of je afzonderen van andere mensen. Sommige mensen krijgen last van zenuwtics zoals nagelbijten of krabben. Anderen zonderen zich af. En overmatig gebruik van drank, drugs of Netflix om de buitenwereld even te vergeten? Dat kan eveneens een gevolg zijn van te veel stress.

Kijk in de lijst welke alarmsignalen je herkent. Wat komt er bij jou eerst, wat daarna? Denk terug aan de vorige keer dat je echt stress had. Welke alarmsignalen merkte je toen bij jezelf?

Dit is misschien niet het meest opbeurende stukje uit het boek, met alle akelige stress-symptomen. Sorry daarvoor. Je leest dit boek natuurlijk ook voor je ontspanning... Maar als het goed is, heb je nu wel een beter beeld van je eigen waarschuwingssignalen. Je weet beter waar je op kunt letten om te bepalen of je het te druk hebt. En dat is nodig om op tijd in te kunnen grijpen.

Ingrijpen

De volgende stap is weten wat je moet doen om in te grijpen. Dit betekent simpelweg kritisch kijken naar de hoeveelheid hooi op je vork en wellicht hier en daar een bundel hooi weggooien, oftewel mínder doen. Inderdaad, makkelijker gezegd dan gedaan. Het kost nogal wat moed om in te grijpen wanneer het nodig is. Dan moet je namelijk aan jezelf en je omgeving toegeven dat je kwetsbaar bent, en soms moet je anderen teleurstellen. Er zijn mensen afhankelijk van je en die zijn er de dupe van als jij het laat afweten. Daarnaast speelt vaak het stigma dat hoort bij 'nee' zeggen een rol: je verwacht van jezelf dat je het wél allemaal kunt. Bovendien kunnen je collega's en vrienden het toch ook allemaal aan?

Zelfs als je jezelf toestemming geeft minder te doen, is het moeilijk te bepalen wát je dan laat schieten. Welke van de activiteiten kun je afzeggen of uitstellen? Wat kan er eventueel sneuvelen? Alles voelt even belangrijk. Als je niet zeker weet wat écht prioriteit heeft, kun je de oefeningen in het volgende hoofdstuk gebruiken.

Afspraken afzeggen zonder mensen te schofferen of onbetrouwbaar over te komen is een edele kunst. Hierin zijn vooral belangrijk: timing en communicatie. Hoe eerder je aan ziet komen dat je agenda vol aan het raken is, hoe makkelijker het afzeggen van een afspraak is. Iets afzeggen op het allerlaatste moment kan zorgen voor irritatie. Even belangrijk is hóé je de afspraak afzegt. Hierbij is het de kunst je overwegingen uit te leggen, maar niet naar medelijden te hengelen. Uit psychologisch onderzoek blijkt dat als je het woord 'omdat' gebruikt in een verzoek, mensen sneller geneigd zijn dit verzoek te accepteren. Dit principe kun je ook toepassen op het afzeggen van een afspraak: 'Ik heb even naar mijn planning gekeken. Het ziet ernaar uit dat ik onze afspraak van dinsdag een tijdje moet uitstellen, *omdat* ik momenteel veel werk moet doen voor een belangrijk project. Ik zou het dus liever vooruit schuiven naar een moment dat het me beter uitkomt. Vind je dat goed?'

De al eerder genoemde psycholoog Jordan B. Peterson beschrijft in zijn boek *12 Rules for Life* een fenomeen waar artsen zich het hoofd over breken. Van de patiënten die ze medicijnen voorschrijven, maakt een flink percentage de kuur niet af, waarna er vaak weer nieuwe problemen ontstaan. Dit geldt niet alleen voor een antibioticakuurtje voor een keelontsteking, maar ook voor bijvoorbeeld medicijnen die de afweerreactie van het lichaam bij een orgaantransplantatie tegengaan.

Je zou denken: als je medicijnen neemt omdat je een niertransplantatie hebt gekregen, is dat best een ding. Dan maak je je kuur wel af. Maar nee: ook dit soort medicijnkuren van levensbelang worden door een significant deel van de patiënten niet afgemaakt. Gaat het niet om de patiënt zelf maar om een kind, een ouder familielid voor wie hij zorgt of zelfs om een huisdier, dan wordt veel vaker wél de kuur afgemaakt. De conclusie van Peterson luidt dan ook: we zorgen dikwijls veel minder goed voor onszelf dan voor andere mensen of dieren. Hij raadt aan om voor jezelf te zorgen alsóf je iemand anders was voor wie je zorg draagt.

De tips in dit hoofdstuk zijn echt niet ingewikkeld, dikke kans dat je deze zelf ook wel had bedacht. Sterker nog, als iemand bij jou was gekomen met stress had je hem of haar misschien ook dit advies gegeven. Van andere mensen accepteren we een stuk makkelijker dat ze het rustiger aan doen dan van onszelf. Het is daarom handig om jezelf niet de vraag te stellen wat je zou kunnen doen om de druk te verlichten, maar je in plaats daarvan af te vragen wat je een ander in jouw situatie zou aanraden. Neem vervolgens dat advies zelf over.

Hoe lastig ingrijpen in je workload of in je dagelijkse activiteiten ook kan zijn, het alternatief is erger. Zoals we hebben gezien is koste wat kost vasthouden aan je planning, omdat je je daartoe verplicht voelt, een goede manier om jezelf in een burn-out te werken. Wil je op de langere termijn blijven functioneren, dan is het noodzakelijk op de korte termijn rustiger aan te doen.

Vaak genoeg maken we onze eigen onmisbaarheid groter in ons hoofd. En vaak genoeg reageren leidinggevenden of naasten begripvoller dan je denkt, simpelweg omdat ze jouw welzijn belangrijker vinden dan dat je volledig aan hun verwachtingen voldoet. Doorgaans zien zij meer dan jij in dat het geoorloofd is om goed voor jezelf te zorgen.

Wanneer je ziek bent en niet kunt werken, geldt de regel 'ziek is ziek'. Inmiddels weten we dat je van stress net zo ziek kunt worden als van een virus. Zoals we hebben gezien zijn de effecten van stress voor de gezondheid op de lange termijn erg groot. Op tijd ingrijpen is niet alleen geoorloofd maar ook broodnodig. Onder werkgevers maak ik me er niet populairder door, maar van mij mag je voor te veel stress best een ziekdag opnemen – om erger te voorkomen.

Jij hebt het recht om in te grijpen wanneer dat nodig is. Op tijd ingrijpen is geen luxe maar een plicht, naar jezelf en naar anderen toe.

Noodplan

Bij elke regering en elk bedrijf ligt hij in een kluis: een plan voor als het volledig misgaat. *Contingency planning* noemen ze dat: een plan voor wanneer er stront aan de knikker is. In dit protocol staat duidelijk beschreven welke stappen moeten worden gezet als het ergste gebeurt, zodat men in het allervervelendste scenario in ieder geval een gedegen plan heeft waarover is nagedacht, in plaats van dat men zich dan nog achter de oren moet krabben en zich moet afvragen: 'Hoe zullen we dit nou eens aanpakken?'

Vaak betreft zo'n plan het instellen van een noodtoestand, een *state of emergency*. Om te zorgen dat het niet verder uit de hand loopt, zijn in zo'n noodtoestand buitengewone stappen geoorloofd om het gevaar te beteugelen. Om je uit de nesten te werken zijn soms draconische maatregelen noodzakelijk.

Het is verstandig zelf ook zo'n noodplan klaar te hebben voor het geval je merkt dat je te veel stress hebt. Zo'n plan kun je het best van tevoren opstellen. Wanneer je dik in de stress zit, is je overzicht en je beslissingsvermogen immers vaak het eerste dat verdwijnt. Dan is het fijn om al een plan te hebben liggen.

Wat staat er in dat noodplan? Voornamelijk een rij praktische stappen die je kunt zetten om de druk direct te verminderen. Merk je jouw alarmsignalen op, dan weet je welke maatregelen je kunt nemen. Het is belangrijk dat deze stappen zo concreet mogelijk zijn. Welke dingen zeg je af wanneer de nood hoog wordt? Hoe kun je zorgen dat je beter slaapt? Zijn er makkelijke aanpassingen aan je dieet zodat je gezonder eet? Hoe ga je zorgen dat je uit je hoofd en meer in je lichaam komt? Op welke manier ga je (passieve) ontspanning inbouwen? Wie schakel je in voor hulp of support?

In mijn eigen noodplan staan onder meer de volgende dingen:

- In mijn agenda kijkend de vraag stellen: wat kan ik redelijkerwijs missen of afzeggen?
- Switchen van mijn gewoonlijke sloten koffie naar kruidenthee.
- Stoppen met het eten van suiker; meer eiwitten en minder koolhydraten eten.
- Lopen naar het station of naar mijn werk in plaats van fietsen. (Dit werkt goed omdat ik tijdens de wandeling tijd heb om na te denken. Ik voel ook minder haast, omdat ik er sowieso ruimer de tijd voor reserveer.)
- Onmiddellijk een of twee avonden vrijmaken om lethargisch op te bank te hangen. (Heb ik al afspraken? Pech. Dit is belangrijker!)
- Mijn telefoon op 'niet storen' of vliegtuigmodus zetten zodat ik niet word afgeleid.
- Switchen naar een andere laptop met alleen een tekstverwerker erop, zodat ik geen last heb van mail of social media.
- Een wekker zetten op verschillende momenten van de dag. Als die gaat een simpele ademhalingsoefening doen.

Wat staat er in jouw noodplan?

Formuleer een persoonlijk noodplan. Geef hierin zo concreet mogelijk aan welke praktische stappen je gaat zetten wanneer de stress toeneemt. Gebruik een metafoor die voor jou klopt. Maak het visueel (gebruik een stroomschema, mindmap, symbooltjes of tekeningen in plaats van alleen tekst), want hersenen <3 visuele informatie.

Uit de overlevingsstand

De stappen die je kunt nemen om je stress te verminderen zijn dus:

1. Noodzakelijk onderhoud plegen aan lichaam en hoofd.
2. Je alarmsignalen kennen en herkennen.
3. Jezelf toestemming geven in te grijpen.
4. Je persoonlijke noodplan in werking stellen.

We hebben gezien dat het lang niet altijd makkelijk is om jezelf toe te staan rustiger aan te doen, vanwege allerlei praktische én psychologische redenen. Goed voor jezelf zorgen is lastig. Daarom helpt het om te doen alsof je voor iemand anders aan het zorgen bent. Je bent het aan jezelf en anderen verplicht niet over je grenzen heen te denderen. Hoe moeilijk ingrijpen ook is, het alternatief is nog veel vervelender.

Als het goed is, zorgen de stappen uit dit hoofdstuk ervoor dat jij je stressniveau verlaagt. Doorloop ze allemaal als je geconfronteerd wordt met stress. Je weet nu wat je kunt doen als de druk te hoog wordt en je je dagelijkse workload moet aanpassen. Maar er zijn ook strategieën om te zorgen dat je stress voorkómt. Die vind je in de volgende hoofdstukken.

Dealen met stress doe je dus door:

- je lichaam te geven wat het nodig heeft: onderhoud op het gebied van slaap, dieet, rust en beweging;
- voor jezelf te zorgen alsof je iemand anders bent voor wie je verantwoordelijk bent;
- je alarmsignalen te kennen en in een vroeg stadium te herkennen;
- in te grijpen door je workload aan te passen of afspraken af te zeggen;
- zo nodig een noodplan met stressverminderende maatregelen in werking te stellen.

HOOFDSTUK 7 • RUST IN JE HOOFD

Scherpe messen, gloeiendhete pannen en veel mensen op een klein oppervlak: de keuken van een restaurant is een gevaarlijke omgeving. Zit de eetzaal eenmaal vol, dan wordt zo'n restaurant een productiviteitsmachine: in een moordend tempo moet het ene na het andere perfecte gerecht bereid worden. Dit wervelende tempo vergt voorbereidingswerk. Alles in zo'n keuken is op en top gericht op voorspelbaarheid, want de enige manier waarop binnen korte tijd honderden gerechten kunnen worden geserveerd, is als alles precies op zijn plek ('mise-en-place') staat. Je moet altijd weten waar iets ligt, zonder na te denken en het liefst zonder te kijken. Alleen wanneer je er blind op kunt vertrouwen dat alles binnen handbereik ligt, kun je op zo'n avond honderden gerechten bereiden.

Ligt een keer iets wat je nodig hebt niet op de juiste plek, dan ben je verloren. Je bent je focus kwijt, moet stoppen met waar je mee bezig bent en zoeken naar die stomme theedoek of die verdwenen vleesthermometer. Je krijgt geïrriteerde blikken van je collega's, die jij immers uit hun concentratie trekt. En ondertussen blijft de printer genadeloos orders printen. Terugkomen in de flow kost je zomaar een kwartier. En dan vraagt je chef waarschijnlijk al boos waar je in hemelsnaam mee bezig bent.

Sinds mijn tijd als kok heb ik nooit meer zo overzichtelijk gewerkt (of gekookt). Mijn huidige keuken is een nachtmerrie: steevast te weinig ruimte, altijd dingen die in de weg liggen. Net dat ene attribuut dat ik nodig heb, is nergens te vinden. Niets ligt op een vaste plek, het werkoppervlak vol met afwas en als je iets hoog uit een kast wilt pakken, vallen er dingen naar beneden. Het is het type keuken van 'snel de kastdeur dichtdoen, dan blijft het zitten'. Een simpele pasta bereiden is een uitdaging, je moet eerst een halfuur opruimen. Geen wonder dat ik vaak buiten de deur eet.

Wat voor keukens geldt, gaat ook op voor je hoofd. Een overvol hoofd zorgt, net zoals mijn huidige keuken, voor onrust en vertraging. Als je hoofd te druk is, gaat niets vanzelf. Ook de simpelste operatie kost veel meer tijd en energie dan nodig is. Er is geen systeem, daarom heerst de chaos.

Je kunt je hoofd ook inrichten als een restaurantkeuken. Hiervoor moet je een systeem bedenken dat voor jou persoonlijk werkt. Natuurlijk, dat kost wat voorbereiding, maar daarna zorgt het ervoor dat je werk een stuk gemakkelijker gaat, en dat je onder flinke druk kunt blijven presteren. Een systeem voor de keuken van je hoofd voorkomt enorm veel stress.

Stel nou dat je precies kon doen wat je normaal ook doet, maar dan met minder stress en minder onrust? Stel dat jij je hoofd leeg kon maken van alle onnodige zorgen, zodat jij je kunt concentreren op wat echt belangrijk is? Stel dat je altijd overzicht kon hebben, en altijd het gevoel dat de belangrijke dingen zonder moeite af komen? Wat zou je daar dan voor over hebben? In dit hoofdstuk kijken we naar verschillende technieken en trucs waarmee je rust in je hoofd en je leven kunt krijgen.

Geef jezelf tijd

Hier volgt een gewetensvraag: hoeveel tijd verdoe je per dag met social media? Ik bedoel niet de uren die je eraan besteedt om te ontspannen of omdat je er plezier uithaalt. Mijn vraag gaat over de hoeveelheid tijd die je op social media verdoet zonder dat het je (persoonlijk of professioneel) ook maar iets brengt.

Enige tijd geleden hoorde ik deze vraag in een lezing van computerwetenschapper Cal Newport. Ik kon natuurlijk niet anders dan het voor mezelf uitzoeken. Ik dacht dat ik mijn tijd best efficiënt indeelde. Toch bleek dat ik behoorlijk wat *time wasters* heb, die me veel meer tijd kosten dan ik zou willen. De grootste? Facebook. De minuten schoten voorbij terwijl ik naar mijn tijdlijn staarde, scrollend om te kijken of er iets leuks voorbij floepte.

Ik kwam tot de conclusie dat ik hier dagelijks zo'n kwartier tot twintig minuten mee verdeed. Zelf vond ik dat nogal meevallen, totdat ik verder begon te rekenen. Zo'n kwartier tot twintig minuten per dag worden immers ruwweg twee uur per week, een werkdag per maand, twee volle werkweken per jaar. En voor de pakweg tien jaar dat ik nu op het platform zit? Juist, twee en een halve maand. Tijd die ik beter had kunnen besteden aan het samenzijn met geliefden en familie, het leren van een nieuwe taal of het maken van een wereldreis. In plaats daarvan zat ik voornamelijk te kijken naar babyfoto's en verzoekjes van mensen die ik niet eens per se heel aardig vind...

Wat zijn jouw grootste *time wasters*? Maak een lijst, en schat per *time waster* hoeveel tijd je er ongeveer mee kwijt bent. Reken dan door hoeveel dit wekelijks, maandelijks en jaarlijks is. Is dat acceptabel voor je, of had je die tijd liever anders besteed?

Wil je een rustiger hoofd, dan is het onvermijdelijk dat een aantal van deze notoire *time wasters* sneuvelen. Veel van de diensten waarvan we op dagelijkse basis gebruikmaken – Facebook, Snapchat, Instagram, WhatsApp, dat spel met die boerderijdieren – varen er wel bij als wij zo lang rondhangen op hun digitale hangplekken. Ze hebben een leger psychologen in dienst die als taak hebben om jou met allerlei trucs zo verslaafd mogelijk te maken. Geen middel wordt daarbij geschuwd: sociale druk (als je stopt met Facebook zullen Klaas, Rita en Jos je missen!), onze aanleg voor FOMO (je bent al een paar dagen niet meer geweest, je weet niet wat je mist!) en andere vormen van agressieve klantenbinding. Ondertussen worden jouw klantgegevens verkocht aan de hoogste bieder. Zoals een ijzeren internetwet geldt: als jij iets op internet gratis krijgt, ben jíj het product dat verhandeld wordt.

Begrijp me niet verkeerd: ik zou hier niet willen betogen dat je elke seconde van je dag productief moet zijn. Sterker nog, ontspanning (en zelfs verveling!) zijn fundamenteel voor het krijgen van goede ideeën. Het is ook goed voor je geestelijke gezondheid. Maar kun je de tijd die je op sociale media doorbrengt – met alle informatie en prikkels – eigenlijk wel ontspanning noemen? En levert het genoeg op ten opzichte van de tijd die je erin steekt?

Waar ik voor pleit is dat je goed moet bedenken welke dingen de moeite waard zijn om je tijd aan te besteden. Als jij niet zelf de keuze maakt waar je aandacht naartoe gaat, doet iemand anders dat wel. Je tijd en je aandacht zijn waardevolle dingen: *make them count.*

Een leeg hoofd

Prent de volgende cijfers in je hoofd: 6 – 9 – 8 – 3 – 1 – 9 – 4. Zitten ze in je hoofd? Leg dan een papiertje over de cijfers en onthoud ze.

Heb je ooit een dag lang geprobeerd om iets niet te vergeten? Dat is hard werken voor je hoofd. We hebben een beperkte hoeveelheid ruimte om dingen te onthouden. Ongeveer zeven stukjes informatie vasthouden lukt nog, als je deze maar vaak genoeg herhaalt. (Hoe staat het met de cijfers uit de opdracht? Heb je ze nog?) Meer dan dat wordt al lastig, zeker wanneer je ook nog cognitieve *loops* open hebt staan over het kopen van kattenvoer en dat je niet moet vergeten Diana een mail te sturen over jullie gezamenlijke project.

Het menselijk brein is dus niet de meest voor de hand liggende plek om dingen in te bewaren. Ons hoofd is erop ingesteld om de dingen te onthouden die écht belangrijk zijn en de rest te vergeten. Komt daar meer bij, dan wordt het al snel een chaos in je hoofd. Stel je eens een bureau voor waar steeds nieuwe dossiers op worden gegooid, totdat er zoveel stapels papier liggen dat je er niet meer kunt werken. Wordt de mentale druk te groot, dan lukt het je niet meer om je goed te concentreren of helder na te denken. Wil je een rustiger hoofd, dan moet je deze belasting tot het minimum beperken en zoveel mogelijk cognitieve *loops* sluiten.

Wanneer je je verdiept in de kunst van een leeg hoofd, kun je niet om de Amerikaanse consultant David Allen en zijn *Getting Things Done*-methode heen. Volgens Allen is ons hoofd gemaakt voor specifieke functies: ideeën krijgen, plannen uitwerken en vraagstukken oplossen. Onze hersenen zijn een stuk minder goed in de andere dingen die van ons gevraagd worden: multitasken bijvoorbeeld, of veel dingen tegelijk in ons werkgeheugen houden. Hij zegt hierover: '*The mind is for having ideas, not storing them.*'

Wat er volgens Allen nodig is voor een leger hoofd is verraderlijk eenvoudig. Je dient gewoon te stoppen met dingen mentaal vast te houden. Hoe je dat doet? Door een systeem te verzinnen om zaken die je wil onthouden uit je hoofd te halen en ergens ánders op te slaan, bijvoorbeeld in een taakmanager, een mailtje aan jezelf of gewoon een ouderwets opschrijfboekje. Wanneer je ergens aan denkt, maak je er meteen een notitie van, zodat je het niet in je hoofd hoeft te bewaren. Dit geldt voor alles wat je niet wilt vergeten: contacten, boodschappen, argumenten, nieuwe ideeën, vage plannetjes en alle andere dingen waarvan je denkt: moet ik hier iets mee? Al deze losse flodders – hoe belangrijk ze ook kunnen zijn – vormen de troep in je keuken die ervoor zorgt dat het koken een stuk lastiger wordt.

Aan het begin of aan het eind van de dag (of op een ander moment dat voor jou werkt) neem je een halfuur om de lijst met losse flodders die je hebt gemaakt te bekijken. Bij elk item ga je na of het inderdaad iets is waar je op dat moment iets mee moet doen. Is het een vaag plannetje of weet je het niet zeker, dan gaat het op je misschien/ooit-lijst. Besluit je dat je er wel iets mee moet, dan zijn er twee opties. Hiervoor hanteert Allen de tweeminutenregel: kost het twee minuten of minder (een simpel mailtje/appje), doe het dan gelijk. Het levert geen tijdwinst op om het op een ander moment in te plannen, dus kun je het maar beter gelijk oplossen. Voor alle andere dingen: geef het een duidelijke omschrijving en rooster in wanneer je het gaat doen.

Stel dat je op de fiets een ingeving krijgt. Je bent op de automatische piloot aan het trappen en intussen schieten je gedachten verschillende kanten op. Opeens bedenk je dat je al een tijd aan het wachten bent op een belangrijke mail van een klant. Je moet er hoognodig eens achteraan. Je kunt natuurlijk afstappen en ter plekke een mail sturen vanaf je telefoon, maar meestal is dat niet zo handig. Je kunt ook proberen die mail in je achterhoofd te houden, maar dat kost veel energie. Je kunt er echter ook voor kiezen een notitie te maken (of in te spreken). In dat geval kun je de gedachte aan die mail meteen vergeten. De volgende dag zie je 'reminder mail klant X' op je lijstje staan en plan je in wanneer het schrijven en sturen ervan jou uitkomt.

Met het noteren van die ingeving kun je zo'n open cognitieve *loop* meteen sluiten en hoef je jezelf er niet meer aan te herinneren. En zo kun je de schaarse ruimte in je hoofd gebruiken waarvoor deze echt bedoeld is: al fietsend naar de bomen kijken, geniale ideeën krijgen, acute verkeersproblemen oplossen en aandacht hebben voor wat er op dat moment nog meer gebeurt. Hoe minder je hoofd hoeft vast te houden, hoe meer denkkracht je hebt voor andere dingen.

(Weet je de cijfers van het begin van dit stuk nog? Zo ja, gefeliciteerd, je mag door voor de koelkast. Maar lukte het je tegelijkertijd ook om met aandacht de tekst hierboven te lezen?)

Probeer de komende week de methode van David Allen. Bedenk een systeem om je ideeën, cognitieve *loops* en spontane ingevingen in te vangen. Dit kan in je telefoon zijn (notities, of een mail aan jezelf) of een simpel opschrijfboekje, dat je dan wel altijd bij de hand moet hebben. Train jezelf om iets op te schrijven en gelijk weer los te laten. Neem elke dag, op een moment dat het jou schikt, een halfuur de tijd om de losse flodders te verwerken tot concrete taken. Voilà: een leger hoofd is geboren!

Doelen

Wij mensen zijn doelmatige wezens. Op tijd op je werk verschijnen is een doel, net zoals vanavond een tajine met aubergine maken. Aan zulke doelen zijn dan weer verschillende acties verbonden, zoals je wekker zetten en op tijd op de fiets stappen, of in de supermarkt aubergines en andere ingrediënten kopen. We hebben het lang niet altijd door, maar we zijn de hele dag door bezig met het stellen van doelen en naar die doelen handelen. Als je geen doelen kunt stellen, kun je geen actie ondernemen en krijg je weinig voor elkaar. Dit geldt voor organisaties, voor start-ups, maar ook voor jou persoonlijk.

Voor de genoemde voorbeelden is het niet echt nodig om een expliciet doel op papier te zetten, maar bij grotere doelen is het wél belangrijk om deze expliciet te formuleren. Hier geldt namelijk: hoe duidelijker je kunt omschrijven wat je wilt bereiken, hoe beter je jouw inspanningen kunt richten, en hoe groter de kans om te slagen. Hoe helderder het doel, hoe groter de kans dat je het behaalt.

Stel dat je wilt afvallen. Dit alleen is geen duidelijk doel. Je kunt niet bepalen wanneer je doel is gehaald. Hoevéél wil je afvallen, en op welke termijn? Waarmee zou je tevreden zijn? Als alleen 'afvallen' je doel is, weet je immers niet wanneer je klaar bent. Je weet alleen dat je daar nu nog níét bent, en daarmee zakt je motivatie als een pudding in elkaar. Je vindt pas de drive om je er echt voor in te zetten wanneer je een duidelijk en concreet doel hebt, bijvoorbeeld: 'Ik wil binnen drie maanden vijf kilo minder wegen dan vandaag.'

Hulpmiddelen om goede doelen te stellen ken je inmiddels vast wel. Er zijn modellen die in elk team, op iedere opleiding en in elk bedrijf worden gebruikt. Ze zijn, zoals dat heet, genoegzaam bekend. Begin ik tegen mijn studenten over doelen stellen, dan beginnen ze vaak meteen te zuchten en met hun ogen te rollen: dit hebben ze sinds de middelbare school wel tien keer gehoord en ze kunnen het dromen.

Volgens het meest gebruikte van deze modellen, het SMART-model, moet een doel aan de volgende eisen voldoen: de uitkomst moet zo *Specifiek* mogelijk worden geformuleerd, het doel moet *Meetbaar* zijn, de uitkomst moet voor jou en anderen *Acceptabel* zijn, het moet *Realistisch* zijn en het moet *Tijdgebonden* zijn, er moet dus een deadline aan vast zitten. Op deze manier krijg je doelen die dermate uitgewerkt zijn dat je precies weet wat je moet doen: 'Ik ga vanaf nu twee weken lang zowel 's ochtends als 's avonds een ademhalingsoefening van vijf minuten doen.'

Er is nog een ander aspect aan doelen stellen dat heel belangrijk is voor de rust in je hoofd, maar dat je misschien nog niet kent omdat het geen onderdeel is van het SMART-model. Dat is het onderscheid tussen prestatiedoelen en inzetdoelen.

Een prestatiedoel stel je over iets dat je voor elkaar wilt gaan krijgen, over een gewenste uitkomst. Een goed voorbeeld hiervan: 'Ik wil over twee maanden een nieuwe baan gevonden hebben waar ik tevreden mee ben.' Het zegt iets over de situatie die je het liefst zou willen. Het probleem met prestatiedoelen is echter dat je voor deze prestatie ook afhankelijk bent van anderen of van de buitenwereld; er moet zich immers maar net zo'n baan aandienen, en je moet maar net worden aangenomen voor die vacature. Als je vooral dit soort doelen voor jezelf stelt, ben je vaak overgeleverd aan dingen waar je geen controle over hebt. Dit leidt al snel tot zorgen en stress, want ondanks dat jij je uiterste best doet, kan het tóch makkelijk mislukken.

In dit soort gevallen kun je beter een inzetdoel stellen voor jezelf. Een inzetdoel beschrijft niet de uitkomst maar welke acties jij gaat ondernemen om je gedroomde uitkomst te bereiken. Omdat het doel niet gericht is op wat jij van de wereld wil, maar op wat jij daarvoor gaat doen, ben je voor dit doel niet afhankelijk van andere mensen of van de buitenwereld. In het voorbeeld: 'Deze maand ga ik minstens vijf (open) sollicitatiebrieven sturen aan bedrijven waar ik zou willen werken.'

Als je doelen stelt over prestaties, dan ben je vooral afhankelijk van anderen. Dit kan zorgen voor onrust, want hoe hard je ook je best doet, je kunt nog steeds falen als de buitenwereld niet meewerkt. En dat de buitenwereld precies doet wat jij wilt, daar kun je niet van uitgaan. Stel je in plaats daarvan inzetdoelen, dan heb je er zelf controle over. Dat is beter voor je stressniveau en voor de rust in je hoofd.

Formuleer (volgens de richtlijnen hierboven) voor de komende maand een inzetdoel dat te maken heeft met stress. Bijvoorbeeld: Deze week check ik minstens drie dagen mijn e-mail alleen 's ochtends en 's avonds.

Prioriteiten

Dit is mijn favoriete onderdeel van de training; ik mag namelijk even de goochelaar uithangen.* Ik haal een grote augurkenpot uit mijn tas, zet deze op tafel en zeg: 'Deze lege pot staat voor de hoeveelheid tijd die je in een week kunt besteden. Hij is best groot, maar niet oneindig – er zijn maar zoveel uren in een week.' Dan pak ik een zak met pingpongballen uit mijn tas en vul de pot tot de rand met pingpongballen. Ik leg uit dat de pingpongballen staan voor je prioriteiten: de dingen die belangrijk zijn voor het bereiken van je

---

* Ik heb deze oefening niet zelf bedacht, hij is van Stephen Covey.

doelen. Denk aan cliënten helpen als je hulpverlener bent, of onderzoek doen als je wetenschapper bent, of de dingen die je buiten je werk het belangrijkst vindt: tijd doorbrengen met je gezin, plezier maken met vrienden, jezelf ontwikkelen.

Nu kunnen er geen pingpongballen meer bij, maar is de pot dan ook vol? Nee, zo merkt een snuggere trainee op, en inderdaad, tussen de pingpongballen past nog een aantal knikkers. Die staan voor de minder belangrijke zaken waaraan je nu eenmaal niet ontkomt: een vergadering plannen met een aantal mensen, bijvoorbeeld.

Is hij nu dan vol? Nee. Met een dramatisch gebaar leeg ik een zak met zand over de pingpongballen en knikkers. Het zand staat voor de dingen die eigenlijk onbelangrijk zijn voor jou, maar die je wel moet van jezelf of van anderen. Denk aan bepaalde administratieve taken. En net nu de toehoorders denken dat de pot toch écht vol begint te raken, gooi ik er een glas water overheen; dit water staat voor de dingen die niet belangrijk zijn en die ook niet moeten. Categorie: nieuwsbrieven lezen waar geen relevante informatie in staat.

Leuk natuurlijk, zo'n demonstratie met een pot in modder drijvende pingpongballen, maar wat is het punt? Veel mensen vullen hun tijd precies andersom: ze doen eerst alle dingen die moeten en kijken daarna hoeveel tijd ze overhouden voor zaken die echt belangrijk voor ze zijn. Ze vullen eerst de pot met het zand, en hopen er dan maar op dat er ruimte overblijft voor die en die pingpongbal of die en die knikker. Dit is dan weer zelden het geval: mocht je in een volle pot met geweld een pingpongbal proberen te duwen, dan druk je hem kapot.

Met een druk leven en druk werk is er zand en water genoeg om je pot mee te vullen. Er is eerder te veel werk dan te weinig, en daarom moeten we kiezen wat wel of geen prioriteit heeft. Zonde als je jouw tijd indeelt met zand, om vervolgens tot de conclusie te komen dat er geen plek meer is voor pingpongballen. Beter om eerst de echt belangrijke zaken in te plannen, en vervolgens de andere dingen.

Wat zijn voor jou pingpongballen? Wat knikkers? En wat zand en water? En op welke manier vul jij je augurkenpot?

- Pingpongballen = de echt belangrijke dingen die je doet in je werk en privéleven (= je prioriteiten!).
- Knikkers = noodzakelijke maar niet per se belangrijke dingen.
- Zand = dingen die voor jou niet belangrijk zijn, maar die je wel 'moet' van jezelf.
- Water = dingen die belangrijk noch noodzakelijk zijn.

Een andere manier om erachter te komen wat je prioriteiten zijn, is via het volgende gedachte-experiment. Stel dat de overheid besluit dat vanwege een onwaarschijnlijke doch plausibele reden de dinsdag wordt afgeschaft. Niemand houdt van de dinsdag en er zijn zwaarwegende economische belangen die het nodig maken om de dag maar helemaal te schrappen. Jij moet daarom opnieuw kijken naar je week, want het is de bedoeling dat je nog steeds de belangrijkste dingen in je leven af krijgt. Welke zaken handhaaf je? Welke kwesties blijken bij nader inzien niet zo belangrijk? O ja, je mag niet korten op je slaap of je vrije tijd!

De activiteiten die overblijven in je nieuwe, kortere week zijn kennelijk de belangrijkste. De dingen waar in de nieuwe tijdsverdeling géén tijd meer voor is, zijn blijkbaar minder belangrijk voor je.

Draai nu het gedachte-experiment eens om. Stel dat de overheid niet besluit om een dag af te schaffen maar juist om er een toe te voegen, tussen de woensdag en de donderdag: 'lomberdag'. Waar zou je deze dag mee vullen? Welke plannen zou je dan wél uitwerken, voor welke dingen zou je dan eindelijk de tijd nemen? Dit zegt iets over de dingen die wel prioriteit voor je hebben, maar waar je nu niet aan toekomt.

Over Amerikaanse presidenten kun je veel zeggen, maar niet dat ze slecht zijn in delegeren. Dwight Eisenhower (president van 1953 tot 1961) had met de Koude Oorlog, de ruimterace én de oorlog in Korea genoeg om zijn aandacht over te verdelen. Hem zag je niet nadenken over de precieze formulering in een speech of bezig met de verdeling van de kerstpakketten onder de staf van het Witte Huis. Het verhaal gaat dat hij een schema ontwierp op basis waarvan hij kon bepalen welke dingen prioriteit hadden, en welke dingen hij kon delegeren of laten vallen. Dit schema werd bekend als de Eisenhower Matrix.

	Urgent	**Niet urgent**
Belangrijk	**Doen** (want: belangrijk en urgent. Heeft dus prioriteit)	**Inplannen** (bedenk wanneer je dit gaat doen)
Niet belangrijk	**Delegeren** (is er iemand anders aan wie ik dit kan vragen?)	**Niet doen** (want: niet belangrijk, ook niet urgent)

De matrix werkt als volgt. Wanneer er een verzoek, vraag of taak binnenkomt, stel je twee vragen: 'Is het belangrijk?' en 'Is het urgent?'. Met 'belangrijk' wordt in dit geval bedoeld: van belang voor het halen van je eigen doelen, of de doelen die bij je werk horen. 'Urgent' staat voor iets dat snel af moet zijn, of waar een dringende deadline aan vastzit. Afhankelijk van het antwoord op de twee vragen valt de taak in een van de vier vakken van de matrix, en weet je dus precies wat je ermee moet doen.

Is iets belangrijk én dringend – bijvoorbeeld je belastingaangifte vlak voor de uiterste inleverdatum – dan doe je dat gelijk. Is iets belangrijk maar niet dringend – bijvoorbeeld nadenken over je carrière op de lange termijn – dan maak je daar tijd voor in je planning. Links onderaan komen zaken waar je niet (zelf) mee bezig hoeft te zijn. Rechts onderaan staan de zaken die niet belangrijk zijn en ook niet urgent. Weg ermee

dus, want niet jouw wijk! Links onderaan komen ten slotte de dingen die niet belangrijk zijn, maar wel dringend, kwesties waarover je denkt: Dit moet snel af, maar waar doe ik het eigenlijk voor? Voorbeeld: een afspraak proberen te maken met tien mensen tegelijkertijd. Stel jezelf de vraag: Wie kan dit voor mij doen? Misschien ben je niet in de positie om letterlijk taken te delegeren, maar kun je een andere slimme manier verzinnen om dit op te lossen.

Wat je prioriteiten zijn, kan van moment tot moment verschillen. Daarom is het handig je met enige regelmaat af te vragen wat je op dit moment het allerbelangrijkst vindt. Stel je géén prioriteiten, dan is alles prioriteit.

Plannen voor gevorderden

Iets anders wat je absoluut goed moet kunnen voor een leger hoofd is plannen. Plannen zorgt voor orde in de chaos.

Een goede planning is het verschil tussen 'van een leien dakje' en 'totale fokking waanzin'. Planning is de weinig bezongen held van het hectische bestaan, dus: leve de planning!

Plannen, dat is toch gewoon de verschillende dingen die je moet doen een plekje geven in je werkschema? Jazeker, maar plannen is nog veel meer. Een goede planning zorgt ervoor dat je genoeg tijd hebt voor cruciale dingen, zonder dat je daar verder over na hoeft te denken. Het creëert rust en overzicht, ook al valt er veel te doen. Als je een goede planning hebt, kun je een groot deel van je kopzorgen over deadlines en resultaten in je (digitale) agenda onderbrengen, en zo je hoofd weer gebruiken voor andere dingen, zoals nadenken of voldoening halen uit het moment.

Tijdens het schrijven van dit boek merkte ik dat een groot deel van mijn week opging aan het maken van afspraken, invullen van datumprikkers (háát aan datumprikkers met tientallen mogelijkheden!) en inplannen van besprekingen, vergaderingen, afspraken en bijeenkomsten. Ik was zoveel aan het mailen en bellen met mensen dat ik amper de rust had om een paar woorden op papier te zetten. Dat kon zo niet langer.

Bij wijze van experiment besloot ik Selma in te schakelen. Er zijn namelijk mensen die het daadwerkelijk leuk vinden om zaken te regelen, en Selma is daar één van. Selma was gek genoeg om ja te zeggen op mijn voorstel, dus huurde ik haar in als mijn *personal assistant* voor een aantal uren in de week. Al snel fixte Selma mijn agenda en afspraken (en zorgde bijvoorbeeld voor een grote lege augurkenpot, pingpongballen, knikkers en zand voor een training). Selma is *AWESOME*. Dit boek is mede mogelijk gemaakt door Selma. Ik kan iedereen een Selma aanraden.

Ik dacht dat ik zelf redelijk goed was in plannen, maar van

Selma leerde ik planning voor gevorderden. Ze liet me overstappen van mijn papieren agenda naar een digitaal exemplaar – iets waar ik altijd nogal sceptisch tegenover stond. Dit bleek erg goed te werken. Niet alleen mijn afspraak, maar ook allerhande nuttige informatie verscheen in mijn display. Ze droeg me op mijn planning te maken alsof iemand anders hem zou moeten uitvoeren. Dit deed wonderen voor de overzichtelijkheid van mijn agenda. Mijn degelijke Opel Corsa van een agenda werd in één klap een Ferrari.

Niet iedereen kan zich een Selma veroorloven. Dat hoeft ook niet: je kunt ook een hoop zelf. De tips hieronder komen uit jarenlange ervaring met plannen, de training die ik daar zelf voor heb gehad van coach Aik Kramer en de final touch van Selma. Ze zorgen ervoor dat je altijd weet waar je aan toe bent, of je nu een student bent die zich op een tentamen voorbereidt of iemand die ouderschap combineert met een verantwoordelijke baan.

Het doel van een planning is meer overzicht en een rustiger hoofd. Het is daarom handig om zoveel mogelijk op (digitaal) papier te hebben staan, zodat je zo min mogelijk vast hoeft te houden in je hoofd. Zorg daarom dat alles in de weergave van je planning gericht is op overzicht. In een goede planning kun je in één oogopslag zien wat je wanneer doet – en meer tijd heb je over het algemeen ook niet. Gebruik daarom verschillende kleuren voor verschillende projecten en zorg dat het voor jou zo duidelijk mogelijk is.

Een planning is niet statisch, het is een levend organisme. Om haar goed te laten werken, is het nodig om haar op dagelijkse basis te monitoren en waar nodig aan te passen: is dit nog de beste manier om dit aan te pakken? Het leven houdt zich bijna nooit aan je planning, dus moet je je planning aanpassen aan het leven. Regelmatig komt er iets tussendoor waardoor het niet meer klopt. Dat is niet erg. Het betekent niet dat je de hele planning het raam uit moet gooien. Je Ferrari laat je ook niet aan de kant van de weg staan als je een waarschuwingslampje ziet.

Laatst hoorde ik een student zeggen: 'Het gaat allemaal heel goed met plannen, ik vind het alleen jammer dat ik helemaal geen ruimte meer in mijn agenda heb voor spontane plannen!' Dan gaat er toch iets mis met je planning. Het is de bedoeling dat je van een planning juist flexibeler, rustiger en gemotiveerder wordt. Is dat niet zo, dan gaat er iets niet goed. Dan heb je te veel op de rol staan of zijn je prioriteiten niet helder: Moet ik dit nu doen? Zoveel plannen dat je er iebel van wordt, is een onhandige strategie – het is een marathon, geen sprint. Zorg daarom óók dat je genoeg vrije tijd voor jezelf inplant en hou bewust tijd leeg in je agenda. Dat is even belangrijk als alle verplichtingen samen. Alleen als je een planning hebt waar ook 'niets doen' in staat, en waar voldoende ruimte is voor spontane leuke dingen, hou je het op de lange termijn vol. Plan je ideále dag – waarin je kunt doen wat nodig is, maar wel op een ontspannen en prettige manier.

Een opsomming van deadlines maakt nog geen planning, en is bovendien heel slecht voor je motivatie. Plan dan ook wanneer je aan dingen *werkt* en niet (alleen) wanneer het af moet zijn. Geef aan wanneer je met een bepaalde taak bezig bent, en plan daar genoeg tijd voor in. Is het een grote taak, plan dan blokken in van een paar uur – je komt er vaak pas na een uur écht in. Op deze manier denk je bij het zien van je agenda: 'Alles in orde, ik heb genoeg tijd om hieraan te werken' in plaats van: 'Fuck, dit moet allemaal nog af voor vrijdag!' Een subtiel maar doeltreffend verschil.

Juist omdat je planning dikwijls verandert – aangezien er

regelmatig iets gebeurt waardoor je planning overhoop wordt gegooid – is het handig om te werken met buffers. Buffers zijn blokken met tijd die je voor een bepaald project inplant, maar die je niet vol plant met werk. Het is 'extra' tijd, voor als ergens in je planning iets misgaat (wat vrijwel altijd gebeurt). Dit zorgt ervoor dat je niet in de stress schiet, want je kunt altijd schuiven. Het maakt je flexibel. Wanneer ik nakijkwerk heb voor tien uur, zorg ik altijd dat ik er minstens twaalf uur voor inplan. Dit haalt de druk meteen weg. En in het uitzonderlijke geval dat alles precies volgens plan af is, heb je een paar uur extra vrij: ook niet gek!

Zeker als je moet reizen voor je werk, is het raadzaam om voor of na afspraken enige niet-productieve tijd te rekenen. Plan daarom voor alle afspraken buiten de deur ook de reistijd goed in. Doe je dat niet, dan duurt die ene afspraak op 30 kilometer afstand volgens je planning een uur, terwijl je in werkelijkheid ook een uur heen en terug reist. Wanneer je ook reistijd goed aangeeft in je overzicht, scheelt dat een boel gehaast. Hetzelfde geldt voor wachttijd, die min of meer onproductieve tijd tussen twee afspraken in. Gun jezelf die tijd en prop dit niet óók nog eens vol met afspraken. Niemand trekt die gast die in een overvolle treincoupé gaat zitten bellen met kantoor. Als je bovenop je reistijd ook nog een buffer van 10% rekent voor vertragingen, ben je echt goed op weg.

Wanneer je bovenstaande tips consequent toepast, scheelt dat onrust, stress en gejaagdheid. Toegegeven, het klinkt een tikkeltje neurotisch, maar het betaalt zich uit in rust. Selma en ik beloven het plechtig.

De belangrijkste vuistregels van plannen zijn dus:

- Gebruik één planning waar je activiteiten in staan en geef deze duidelijk aan met kleuren. Een planning is goed als ze je overzicht oplevert en je rust geeft;
- Het leven past zich niet aan je planning aan, dus zul jij je planning moeten aanpassen aan het leven. Neem elke week de tijd om je planning te updaten;
- Plan niet alleen de deadline, maar vooral ook wannéér je ergens mee aan de slag gaat;
- Zorg voor voldoende vrije tijd (ook al heb je veel te doen);
- Werk bij grote taken met buffers, zodat je niet in paniek hoeft te raken als je planning uitloopt.

Mailen als een baas

Gut, wat mogen we er blij mee zijn: onze e-mail. We bestoken elkaar met miljarden mails per dag. In een eerder hoofdstuk heb je kunnen lezen wat de negatieve consequenties zijn van onze mailverslaving: sterk verminderde werktijd, gefragmenteerde aandacht en een waar informatiebombardement. Je hebt er helemáál een dagtaak aan als je een *inbox zero person* bent: iemand die pas echt rust kent als zijn of haar inbox helemaal leeg is.

Mail is dus funest voor onze aandacht en kost als je even niet oplet enorm veel tijd en energie. Je mailbox wordt daarmee ongezien een soort to-dolijst waar andere mensen bij kunnen: een verzameling taakjes die anderen bij jou onderbrengen, vaak zonder daar erg over na te denken. Over wat er in je mailbox terechtkomt heb je geen controle. Als je niet uitkijkt kan mail daardoor een continue stroom van stress vormen. Om dat te voorkomen kun je een aantal strategieën inzetten.

Het kan geen kwaad om soms een beetje onbereikbaar te zijn. Dat geldt voor daten, maar ook voor je mail. Op een mail hoef je normaal gesproken echt niet binnen een uur te reageren – als de zaak in de hens staat word je heus wel gebeld. Sluit je mailprogramma op het moment dat je niet met mailen bezig bent. Mail is niet bedoeld als een medium waarbij je de ander direct antwoord geeft. Als je een dag niet antwoordt, mag dat geen probleem zijn. Bijkomend voordeel: problemen hebben nogal eens de neiging om zichzelf op een andere manier op te lossen als jij niet direct reageert. In de tijd van papieren post lag je ook nooit voor de brievenbus te wachten tot er iets binnenkwam.

Natuurlijk kan het zo zijn dat direct beantwoorden van vragen van klanten of collega's juist wél tot je taakomschrijving behoort. In dat geval kom je er niet onderuit om een deel van je dag je inbox te monitoren. Zorg dan dat je een duidelijk onderscheid maakt tussen de tijd waarin je mailbox open moet staan, en wanneer je geen maildienst hebt.

Je bent sowieso niet verplicht om antwoord te geven op een mail, alleen maar omdat je deze hebt ontvangen. Het kan best gezond zijn om regelmatig een bericht waar je geen trek in hebt, te laten schieten. Vraag je bij een inkomende mail af: moet ik hier iets mee? Is dit belangrijk voor mij of mijn doelen? Als het antwoord nee is, kun je de mail best zonder antwoord te geven verwijderen. Maak vervolgens een onderscheid tussen de berichten die meer aandacht en tijd vergen (plan die op een gunstig moment in) en mails die je snel kunt afhandelen. Ruim voor deze laatste categorie een halfuurtje in aan het begin of aan het einde van de dag. In dit halfuur werk je zoveel mogelijk van deze mails een voor een af – laten we dit de schot-hagel-methode noemen.

Misschien ga jij na het lezen van dit boek anders over e-mail denken, maar de mensen die jou mailen nog niet. Daarom is het belangrijk om iedereen die je kent dit boek cadeau te doen... Maar weer serieus – de andere optie is verwachtingsmanagement: wees heel duidelijk waar jij mail wel en niet voor gebruikt. Laat de mensen om je heen weten dat je mail beschouwt als een medium voor boodschappen die best een dag kunnen wachten. Voor dringende zaken kan men je bellen; je zou zelfs de belofte kunnen doen dat je bij telefonisch contact binnen twee uur reageert.

Ook je mailhandtekening of een autoreply kan uitkomst bieden. Onderaan je contactgegevens past een mededeling in de trant van: 'In uw en mijn belang streef ik ernaar alle berichten te beantwoorden in twee regels of minder.' Je kunt met een autoreply duidelijk maken dat je jouw mail alleen aan het begin en het einde van je werkdag leest, en dat mensen je met dringende zaken in de tussentijd kunnen bellen. Dit zorgt direct voor meer begrip.

- Laat iedere dag één bericht dat je binnenkrijgt onbeantwoord. Bewaar het niet voor later, stuur geen bericht dat 'er een antwoord aankomt', doe er niets mee. Waarom? Om aan jezelf duidelijk te maken dat het jouw keuze is of je een mail beantwoordt of niet.
- Bonusvraag: Hoe belast jij anderen met e-maildrukte? En wat kun je daaraan doen?

De macht der gewoonte

Het is een publiek geheim dat een groot deel van de opbrengsten van sportscholen tot stand komt in de weken direct na Nieuwjaar. Mensen hebben dan voornemens en lopen over van de motivatie. Ze sluiten gelijk een duur jaarabonnement af, in de vaste overtuiging dat ze daar het hele jaar gebruik van gaan maken. Een overgroot deel van deze mensen maakt twee weken tot een maand gebruik van de apparaten en zet daarna geen stap meer op een loopband.

Goede voornemens sneuvelen over het algemeen altijd. Een echte gedragsverandering is namelijk moeilijk, héél moeilijk. Bijna iedereen heeft bepaald gedrag dat hij of zij zou willen veranderen: minder snoepen, meer sporten, stoppen met roken, meer water of minder alcohol drinken. Zulk gedrag veranderen klinkt eenvoudig, maar kost veel wilskracht. Het gebeurt mij in ieder geval elk jaar opnieuw: een prachtig voornemen in de tweede helft van januari zien sneuvelen.

Je hebt mensen die elke dag om zeven uur wakker worden en meteen vol energie naast hun bed staan, klaar om de dag te beginnen. Ik vind die mensen altijd heel knap (en ook een beetje uitslovers), want zelf ben ik een notoire uitslaper. Heb ik geen vroege afspraken, dan kost het me enorm veel moeite om 's ochtends mijn bed uit te komen. Zet ik geen wekker – of slaap ik er dwars doorheen, gebeurt ook vaker dan me lief is – dan word ik om een uur of tien totaal in paniek wakker. Zet ik wèl een wekker, dan ben ik er dikwijls heel goed in mezelf te overtuigen dat ik nog even moet blijven liggen. Ik heb uitstekende argumenten waarom het belangrijk is nog even door te snoozen. Word ik hierdoor alsnog veel te laat wakker, dan ben ik wel uitgerust maar heb ik ook een kanjer van een schuldgevoel – ik heb wéér een groot deel van de dag door mijn vingers laten glippen.

Om de proef op de som te nemen, besloot ik er tijdens het schrijven van dit boek een gewoonte van te maken om vroeg op te staan. Het stellen van een doel ging erg makkelijk: elke weekdag om zeven uur opstaan. De eerste week lukte dit enorm goed. Ik begon zelfs een beetje overmoedig te worden: waarom zou ik niet om zes uur opstaan? Dan zou ik toch nóg een uur extra hebben in mijn dag? De tweede week lukte het ondanks mijn goede bedoelingen maar drie keer. Vroeg opstaan werkt het best als je ook vroeg naar bed gaat, merkte ik. Maar op dinsdag gaf ik laat een presentatie en op donderdag ging ik met vrienden naar de bioscoop, naar de late film. In week drie had ik de grootste moeite om één keer netjes om zeven uur naast mijn bed te staan. Ik was een illusie armer en een faalgevoel rijker.

Klinkt dit bekend? Wees gerust, je bent niet de enige. Motivatie kunnen opbrengen om je gedrag te veranderen is in eerste instantie eenvoudig, maar wordt na verloop van tijd steeds lastiger. Dit geldt zowel voor dingen die je méér zou willen doen (sporten of mediteren bijvoorbeeld) als voor dingen die je juist graag minder zou willen doen (je mail checken, koffiedrinken).

De verklaring hiervoor ligt bij wilskracht. Elke keer moet je een bewuste keuze maken voor dit gedrag. Wanneer je de eerste keer gaat sporten of een stuk taart laat staan, is dat nog eenvoudig. En als beloning daarvoor krijg je het goede gevoel dat hoort bij het bereiken van je doel: je voelt je een superheld, en dat gevoel was helemaal niet zo moeilijk te bereiken. Maar na verloop van tijd wordt deze euforie minder en is er meer wilskracht nodig. De beloning van het bereiken van het doel neemt af – het is immers 'normaal' geworden. De benodigde discipline daarentegen wordt groter: kiezen voor het gewenste gedrag kost steeds meer wilskracht. Logisch, want het levert in je hoofd steeds minder beloning op.

Hoe langer je bezig bent, hoe moeilijker het daarom wordt om je voornemen vol te houden.

Wanneer je iets aan je gedrag wil veranderen, kun je maar beter niet op wilskracht rekenen. Als je minder wilt snoepen, is het onverstandig om een reep chocola in de kast te hebben, want op een moeilijk moment is de verleiding te groot en ga je voor de bijl.

Het goede nieuws: er is een manier om onze wilskracht te omzeilen, namelijk het kweken van een gewoonte. Volgens Charles Duhigg, schrijver van het boek *The Power of Habit,* zijn gewoontes de sleutel tot het succes van gedragsverandering. Waarom? Omdat, als je ergens een gewoonte van weet te maken, je geen wilskracht meer nodig hebt! Als iets een gewoonte is geworden, kost het kiezen ervoor geen moeite en hoef je niet steeds de voor- en nadelen tegen elkaar af te

wegen. Het is iets geworden wat je gewoon dóét. Als voorbeeld geeft Duhigg tandenpoetsen. Wanneer was de laatste keer dat je een beroep moest doen op je wilskracht om te besluiten om je tanden te poetsen? De meeste mensen doen dit gewoon, zonder daarvoor supergedisciplineerd te hoeven zijn. Dat komt omdat het een gewoonte is geworden.

Een gewoonte kun je volgens Duhigg al vormen in twee tot vier weken. Dat is uitstekend nieuws: je hoeft maar enkele weken bewust moeite te doen om een gewoonte te vormen, voordat het aan zal voelen als iets wat je altijd al hebt gedaan. Fijn, maar hoe zorg je nu dat je in twee weken een nieuwe gewoonte opbouwt? Duhigg grijpt hiervoor terug op de principes van het 'conditioneren': gewenst gedrag beloon je, ongewenst gedrag bestraf je. Denk hierbij aan het opvoeden van een kind. Als een kind zijn kamer heeft opgeruimd, geef je complimentjes of een andere beloning. Als hij of zij brutaal doet en oma aan haar oor trekt, geef je een standje.

Volgens Duhigg is het verstandig om niet alleen uit te gaan van directe voldoening van de beoogde gewoonte, maar ook een extra motivator te bedenken in de vorm van een beloning. In het voorbeeld van vroeg opstaan: beloon jezelf met extra tijd onder de douche of een extra lekker ontbijt wanneer het vroege opstaan is gelukt. Dit hoef je alleen de eerste paar weken vol te houden, tot het vroege opstaan een gewoonte is geworden. Vanaf dan kun je je beloning af gaan bouwen. Je beloont jezelf bijvoorbeeld alleen nog als het je vijf keer in een week gelukt is om vroeg op te staan. Op een gegeven moment kun je de beloning stoppen. Gefeliciteerd: je hebt een nieuwe gewoonte gecreëerd.

Bijkomend voordeel van gewoontes is dat je er ook niet meer over na hoeft te denken. Eet je elke dag hetzelfde ontbijt, dan hoef je geen keuzes meer te maken. Je kostbare denkcapaciteit kun je dan weer voor andere dingen gebruiken.

Een alternatieve succesformule voor gedragsverandering is: heel lage doelen stellen. Een bekende valkuil bij het aanpassen van gedrag is te hard van stapel lopen: ik ga vanaf nu iedere dag tien kilometer hardlopen! Je zorgt er zo voor dat je alleen tevreden kunt zijn als je een uitzonderlijke prestatie neerzet. Lukt dat dan een keer niet – en je kunt er donder op zeggen dat dit vroeger of later gebeurt – dan is dat slecht voor je motivatie. Je verliest dan het vertrouwen in de hele onderneming. In plaats daarvan kun je het best doelen stellen die juist zo laag zijn dat je ze eigenlijk altijd wel kunt halen, bijvoorbeeld drie keer per week minstens een kilometer hardlopen. Op deze manier haal je wèl je doel en heb je zelfs de neiging om er flink boven te gaan zitten. Dat is dan geen must, maar een bonus. En zit je een keer niet zo goed in je vel, dan is het doel alsnog goed te halen, dus je hoeft niet teleurgesteld te raken in jezelf. Ga er bovendien vanuit dat je geslaagd bent als je je doel in 80% van de gevallen haalt. Het kan nooit altijd raak zijn, maar dikke kans dat het je in 80% van de gevallen wel lukt. Accepteer dat het in 20% van de gevallen niet lukt, zonder dat dit betekent dat het volledige project is mislukt. Het voor 80% doorvoeren van een gedragsverandering kan alsnog zorgen voor enorme resultaten (maar dan met een stuk minder onnodige druk).

Om zeven uur opstaan, dat is helaas nooit een gewoonte geworden. Wel zorg ik tegenwoordig dat ik altijd tussen half negen en negen uur aan het werk ben. Dat lukt, althans, in 80% van de gevallen...

Kies gedrag dat je wilt veranderen op basis van wat je in dit boek hebt gelezen. Je kunt hiervoor een van de dingen nemen die in je noodplan staan en die je een gewoonte wil maken. Denk bijvoorbeeld aan je werkverslaving managen, minder vaak je mail checken, minder hoge eisen stellen. Stel een concreet doel dat laag genoeg ligt om er zonder al te veel moeite aan te voldoen (bijvoorbeeld: twee dagen per week tussen tien uur 's ochtends en vier uur 's middags niet in mijn inbox kijken) en bedenk een manier om jezelf te belonen als dit lukt. Hou dit vervolgens minimaal twee weken vol.

Een effectiviteitsmachine

Wellicht hebben de technieken in dit hoofdstuk de indruk gewekt dat het pas goed is als je een soort effectiviteitsmachine bent geworden: wanneer je alle overbodige gedachten uitbant, al je uren effectief inplant, je prioriteiten altijd op een rij hebt en je geen seconde te veel aan je mail besteedt. Kortom: dat je pas geslaagd bent als je hoofd eruitziet als een smetteloze Michelin-keuken. Mocht je dat idee hebben gekregen, weet dan dat dat niet de bedoeling is. Zoals je hebt kunnen lezen: ook wanneer je de technieken in dit hoofdstuk in 80% van de gevallen succesvol toepast, brengt dat enorm veel rust in je hoofd.

Hoe leger je hoofd, hoe minder stress en hoe meer ruimte je hebt voor de echt belangrijke zaken. Tot nu toe is echter één onderwerp in dit verband onbesproken gebleven. Dit onderwerp is dermate belangrijk dat het zijn eigen hoofdstuk verdient: het trainen van je aandacht.

Een leger hoofd krijg je dus door:

- je tijd te besteden aan de dingen die écht belangrijk zijn, en de minder belangrijke zaken te laten schieten;
- zoveel mogelijk úít je hoofd en op (digitaal) papier te krijgen, zodat jij je hoofd kunt gebruiken waar deze voor bedoeld is;
- duidelijke doelen te formuleren en inzetdoelen te stellen in plaats van prestatiedoelen;
- goed te leren plannen, overzicht te krijgen over wat er moet gebeuren en je planning regelmatig aan te passen;
- alleen de strikt noodzakelijke tijd aan e-mail te besteden, en door slimme manieren te bedenken waarop je minder tijd met mail bezig hoeft te zijn.

HOOFDSTUK 8 • WERKEN MET AANDACHT

Ik kreeg het via een vriend. Die kende iemand die het voorgeschreven kreeg maar niet zelf gebruikte, en een extra zakcentje verdiende door het door te verkopen. 10 mg methylfenidaathydrochloride – merknaam Ritalin – wordt keurig geleverd in een doordrukstrip. Het is een van de medicijnen die vaak wordt voorgeschreven aan volwassenen en kinderen met ADHD, maar het wordt ook recreatief gebruikt. Ritalin is goedkoop en doorgaans makkelijk te krijgen. Je gaat

je er ontzettend goed van concentreren, je blijft langer wakker en hebt meer energie, zo wordt beloofd. Ideaal dus als *performance enhancer* in de studiezaal, of gewoon om op een feestje niet in slaap te vallen. En dus ook een geweldige manier om aandachtig te werken – studenten zweren erbij.

Na ongeveer twintig minuten begin ik iets te merken. Ik ben beslist niet meer moe. Mijn hartslag gaat iets omhoog en ik begin sneller te ademen. Ik heb een droge mond, merk ik, en droge ogen. Ik heb zin in kauwgum. Ik heb expres een taak gekozen die saai is: het proeflezen van een lange tekst. Na ongeveer drie kwartier merk ik dat ik volledig in de taak ben opgegaan. Ik scrol van wijziging naar wijziging alsof dit het enerverendste is dat ik ooit heb gedaan. Ik vermaak me ook prima met de monotone techno die me werd aangeraden als werkmuziek – ik betrap me erop dat ik met mijn hoofd meebeweeg en met mijn vingers op het tafelblad tik.

Mijn concentratie blijkt op de Ritalin het beste wanneer ik een duidelijke, overzichtelijke taak aan het doen ben, bijvoorbeeld het herschrijven van een tekst of het uitwerken van ideeën. Wordt het ingewikkelder dan dat, bijvoorbeeld wanneer ik in verschillende e-mails informatie moet zoeken, dan raak ik al snel de tel kwijt. Ik verlies me in details, en hou mezelf met moeite bij de les. Ik ben blij dat ik geen belangrijke overleggen of telefoontjes heb gepland.

Een uur later kan ik het eerlijk toegeven: ik heb me nog nooit zo lang achter elkaar goed geconcentreerd op een taak. Geen afleiding door gedachten, geen trek, mijn telefoon laat ik links liggen. Maar er zijn bijwerkingen: ook mijn zenuwen worden versterkt. Ik heb een permanent gehaast gevoel en ben bang dat het werk niet op tijd af zal komen. Bovendien maal ik mijn kaken over een kauwgompje dat al drie kwartier geleden zijn smaak verloor. Ik begin een beetje hoofdpijn te krijgen. Dit is vast het moment dat je meer zou moeten nemen om het effect te verlengen (zoals een bekend festivalcredo luidt: 'inkakken is bijpakken!'), maar ik zie ervan af. Ja, het helpt echt als je een grote klus moet doen. Maar om daar nou elke keer een pilletje voor te nemen...

Ritalin werkt als een trein. Als je snel wordt afgeleid – bijvoorbeeld als je ADHD hebt – is het vaak een geweldig hulpmiddel. Maar hoe normaal is het wanneer het massaal wordt gebruikt door mensen die het eigenlijk niet nodig zouden moeten hebben? Hoe komt het dat we tegenwoordig zo makkelijk worden afgeleid dat we onszelf chemisch gezien een handje helpen?

Er wordt gestreden om onze aandacht. We worden elke dag geconfronteerd met honderden schreeuwerige boodschappen, advertenties of krantenkoppen die erop gericht zijn om onze aandacht te vangen. We worden overspoeld met reclameboodschappen, nieuws, notificaties, updates van social media en e-mail. Als je in de stad woont passeer je dagelijks meer mensen dan je honderdvijftig jaar geleden gemiddeld in een mensenleven zou tegenkomen. Er is nieuws, overal en altijd. In zo'n hyperactieve wereld wordt je langere tijd concentreren steeds uitdagender. Van al die duizenden prikkels kun je makkelijk gestrest raken, en je wordt er doodmoe van.

Niet overtuigd? Kijk dan de volgende keer als je in de supermarkt bent goed om je heen. Supermarkten zijn bij uitstek plekken waar een permanente oorlog woedt om jouw aandacht. Elke centimeter is erop gericht om jouw ogen te leiden naar weer een nieuw product. Boven en naast de schappen staan grote borden met schreeuwerige aanbiedingen. Alsof dat niet genoeg is worden er via de speakers, tussen de muziek door, aanbiedingen over je heen gespuwd. Het is zo normaal dat het ons niet meer opvalt.

Onze doorsnee supermarkt zou voor iemand uit de negentiende eeuw een marteling zijn: hij of zij zou niet weten waar een mens het moet zoeken tussen al die impulsen. Wij zijn echter zo goed geworden in het omgaan met al die signalen, dat we ons redelijk goed kunnen handhaven in zo'n omgeving. Ons aandachtsvermogen – het vermogen ons ook in een drukke omgeving te richten op één ding – is kennelijk sterk verbeterd.

Hoe beter we ons kunnen afsluiten van impulsen van buitenaf, hoe agressiever die impulsen natuurlijk worden. En dus leven we in een wereld van pop-upreclames, gepersonaliseerde advertenties en straatverkopers met agressieve salestechnieken.

Omdat onze aandacht ons meer dan ooit wordt afgetroggeld, is het van belang dat we hem goed bewaken. Je aandacht is van jou en van niemand anders. In dit hoofdstuk vind je daarom handvatten voor werken met aandacht. We gaan de strijd aan met notoire *time wasters*, volgen een basiscursus mindfulness en bespreken de filosofie van *deep work*.

Ik geef je de beste techniek die ik ken voor geconcentreerd werken (de pomodoro-techniek) en deel mijn favoriete concentratie-apps. Het gevecht om jouw aandacht woedt – deze technieken helpen je winnen.

Mindfulness

Ik kan het me nog goed herinneren: de werkgroep mindfulness. De eerste keer dat dit fenomeen in mijn opleiding aan bod kwam, ontvingen we van onze docent allemaal plechtig een rozijn. We kregen de opdracht om de rozijn te bekijken, eraan te ruiken, erop te drukken en ernaar te luisteren (ja, echt) en hem ten slotte op te eten. Dat duurde een halfuur. Het was het langste halfuur uit mijn leven. De tijd ging nog nooit zo traag. Nou ja, de volgende opdracht kon er ook wat van: zo langzaam en bewust mogelijk lópen. In een onhandig rondje voerden twaalf zelfbewuste studenten een slakkenpolonaise uit in een te klein lokaal, waarbij ze elkaar regelmatig op de hielen trapten. Mindfulness zal vast hartstikke goed werken voor sommige mensen, concludeerde ik, maar geef mijn portie maar aan Fikkie.

In de aanloop naar dit boek werd het onvermijdelijk om me opnieuw te verdiepen in mindfulness. Binnen een jaar ging ik van absolute scepticus naar voorzichtige fan. Ik deed een cursus als deelnemer en daarna de opleiding tot trainer. Toch ging het niet altijd van harte: ik kreeg regelmatig hetzelfde sceptische gevoel dat ik me zo goed herinnerde uit mijn studententijd, bijvoorbeeld wanneer ik ondersteboven met mijn benen omhoog tegen de muur moest hangen om 'het bloed meer te laten stromen naar mijn alvleesklier'. Van dat gevoel was ik me dan wel weer erg bewust, dus wat dat betreft werkte het.

Mindfulness is, zo lijkt het, de oplossing voor alles. Het wordt aangeraden bij allerlei soorten fysieke en mentale moeilijkheden. Er zijn speciale festivals, tijdschriften, retraites, apps, peutercursussen en televisieprogramma's. Er zijn boeken over hoe jij van je kat kunt leren meer 'in het moment te leven'. Je kunt er echt niet omheen.

Wanneer deed jij voor het laatst helemaal niets? Geen werk, activiteit, gesprek of telefoon? Is dat langer dan een week geleden? Langer dan een maand?

Waar mindfulness enige jaren geleden vooral iets was voor spirituele types met geitenwollen sokken die op zoek waren naar zichzelf (dit was althans het beeld dat ik had), is het nu van iedereen en z'n moeder. Mindfulness is een vast onderdeel bij bedrijven, in de gezondheidszorg en zelfs op de basisschool. De techies en CEO's uit Sillicon Valley lopen voorop in de meditatierevolutie. *All the cool kids are doing it.*

De voordelen van mindfulnessbeoefening liegen er ook niet om. Uit onderzoek blijkt dat mensen die hierin getraind zijn, gelukkiger, empathischer, vriendelijker, tevredener, autonomer, optimistischer en positiever zijn dan mensen zonder mindfulnesservaring. De beoefening is goed voor je zelfvertrouwen en beschermt tegen depressie, sociale angst, piekeren en natuurlijk stress. Het is goed voor je bloeddruk, je cortisolniveau en je immuunsysteem.

Niet gek dat juist in deze tijd mindfulness aan populariteit wint. We hebben te maken met een *information overload,* een lawine aan informatie en prikkels. Ons hoofd staat altijd 'aan' en onze wakkere aandacht is vrijwel altijd naar buiten en bijna nooit naar binnen gericht. We schakelen van laptop naar tablet naar telefoon. De 'dode momenten' – wachttijd voor de trein, reistijd, een rustig ogenblik thuis – vullen we met nog meer prikkels. Omdat we het kunnen, doen we het ook, want ons brein houdt ervan om bezig te zijn. De momenten dat we niets doen, worden steeds schaarser. Mindfulness belooft een laagdrempelige oplossing voor onze drukke hoofden en drukke levens. Door meditatie hou je 'je hoofd koel in de ratrace' en iedereen kan het leren. Geen wonder dat het wordt binnengehaald als wondermedicijn.

Toch is het helemaal niet vanzelfsprekend dat iedereen massaal aan de meditatie gaat. Mediteren is namelijk helemaal niet zo leuk en ontspannend, vaak juist het tegenovergestelde. Wanneer je jezelf dwingt om je naar binnen te richten, word je ook regelmatig met vervelende dingen geconfronteerd. In een beroemd experiment werden mensen een tijd alleen gelaten in een kamer zonder enige vorm van afleiding. Ze moesten hun telefoon inleveren en hadden geen boek, krant of muziek om zichzelf bezig te houden. Wat ze wel konden doen, was zichzelf elektrische schokken toedienen. Bijna de helft van de deelnemers koos ervoor om in plaats van de leegte te confronteren zichzelf enkele keren stevig te elektrocuteren, in plaats van helemaal niets te doen. En dit waren echt niet alleen masochisten...

Blijkbaar worden we er ook beetje bang van, om overgeleverd te zijn aan onze eigen gedachten. In de woorden van Eliza, die zich na haar burn-out in meditatie verdiepte: 'Mediteren is helemaal niet chill, want je zit je gewoon zwaar in te spannen. Tijdens meditatie zit ik in stilte en ik probeer niet te denken, wat natuurlijk niet lukt, dus er komt van alles omhoog. De gedachten gaan maar door en er is altijd een emotie aanwezig, meestal een negatieve. De uitdaging is: nietsdoen en het gevoel er laten zijn. Ernaar kijken en zeggen: "O, ik voel me echt takkeverdrietig." En dan is dat maar even zo.'

Mindfulness draait om mediteren en dat is niet per definitie makkelijk, leuk of ontspannend. Dat je van een mindfulnessoefening ontspannen moet worden is dan ook een misverstand. Toch is de opmars van mindfulness en andere meditatievormen niet te stuiten. Blijkbaar willen we zo graag een rustiger en bewuster bestaan dat we er zelfs voor uit onze comfortzone stappen.

Over mindfulness en meditatie kun je je gemakkelijk informeren met de bestaande boeken en apps. Daarom beperk ik me hier tot de echte basics. Als je je verder wil verdiepen in mindfulness zou ik je aanraden om een cursus te doen bij een ervaren trainer.

Mindfulness is een vorm van meditatiebeoefening. De roots van mindfulness liggen in het boeddhisme, maar in de huidige vorm zijn de religieuze aspecten achterwege gelaten. Mindfulness – letterlijk 'opmerkzaamheid' – bestaat uit twee basisbeginselen: die van 'bewustzijn' en 'acceptatie'. Het draait om het je bewust zijn van wat er in je hoofd en je lichaam gebeurt, om accepteren en het moment verdragen dat er spanning of pijn ontstaat of iets vervelends gebeurt.

Mindfulness is eigenlijk een soort aandachtstraining. Door de verschillende oefeningen leer je je aandacht te richten op jezelf en die aandacht gedurende enige tijd vast te houden. Door deze aandacht te trainen, word je je bewuster van wat er vanbinnen speelt, in je hoofd en in je lichaam. Dit is ook waarom mindfulness goed werkt tegen stress: je wordt er opmerkzamer van en dus zul je de signalen van stress eerder registreren wanneer ze zich voordoen.

Tijdens de training wordt onderscheid gemaakt tussen de 'doe-modus' en de 'zijn-modus'. In de moderne tijd zijn we eraan gewend geraakt de meeste tijd door te brengen in de doe-modus. We zijn vooral bezig met dingen die buiten het moment liggen: stappen zetten, deadlines halen, problemen oplossen, ons voorbereiden, dingen regelen en reageren op wat zich van buiten aandient. Met ons lichaam zijn we hier, maar onze hoofd is elders.

Hiertegenover stelt mindfulness de zijn-modus, wanneer je aandacht is bij het moment zelf, het inmiddels welbekende 'hier en nu'. Dit is de modus waarin je echt aanwézig bent, dus in staat om op te merken wat er nu in je hoofd en je lijf gebeurt. In de zijn-modus terechtkomen kun je trainen; door middel van oefeningen kun je ervoor zorgen dat je vaker in het hier en nu aanwezig bent. Meditatie is overigens niet de enige manier om in deze modus te geraken: je kunt bijvoorbeeld gaan wandelen in de natuur, of (mijn persoonlijke favoriet) lange afstanden rijden in de auto.

Door te mediteren train je ook je concentratie. Je stelt jezelf langere tijd bloot aan leegte en verveling, en hieraan zijn een hoop voordelen verbonden: meer in contact staan met wat je voelt, langer je aandacht kunnen richten op iets saais, je emoties en vervelende ervaringen beter verdragen.

Zorg dat je een uitzicht hebt voor deze oefening. Wat voor uitzicht maakt niet uit: je tuin, een straat, wat je maar voorhanden hebt. Zet een timer op vijf minuten en kijk gedurende deze tijd nauwlettend naar het uitzicht. Probeer zoveel mogelijk details op te merken. Je zult merken dat je tijdens de oefening regelmatig wordt afgeleid door een gedachte of gedachtestroom, maar dat is niet erg: dat je het opmerkt is juist de bedoeling. Wanneer dat gebeurt, breng je aandacht dan terug naar waar je mee bezig was. Voor een variant: zet een pannetje water op het vuur en kijk aandachtig hoe het langzaam gaat koken.

Mindfulness is een vaardigheid die je leert door te oefenen. Het gaat niet zozeer om de oefeningen zelf, maar om het trainen van de aandacht ín deze oefeningen. Wat betreft de oefening van de vorige pagina: waarschijnlijk word je je erg bewust van wat er allemaal in je hoofd gebeurt en hoe je daarbij regelmatig wordt afgeleid. Lukte het je om je aandacht vast te houden? Welke gedachten waren er zoal? En wat deed het met je wanneer je werd afgeleid? Werd je dan boos op jezelf of dacht je: ik kan dit niet? Door middel van deze oefeningen word je je vaak ook bewust van de oordelen die je over jezelf hebt.

Het is niet verplicht om te mediteren in lotushouding, op een kussen voor een altaartje met een brandend stokje wierook, al mag dat natuurlijk als dat je ding is. Mindfulness kun je doen waar je wilt. Je hoeft je niet te schamen, want niemand kan aan je zien dat je aan het mediteren bent (tenzij je per abuis opeens heel hard een mantra begint te zingen...). Het kan prima tijdens je middagpauze, in de trein, op de wc of in de rij bij de kassa. Een eenvoudige manier om te oefenen is door enkele keren per dag kort 'in te checken': een paar minuten de tijd nemen om op te merken wat er zoal vanbinnen speelt. Merk op hoe je aan het ademen bent, hoe je lichaam aanvoelt, welke gedachten en welke emoties er zijn. Je kunt dit zelf doen of een geleide meditatie opzetten op een koptelefoon (googel bijvoorbeeld eens 'Drie minuten ademruimte').

Zet je timer op tien minuten. Zorg dat je ontspannen op een stoel zit. Tel dan nu bewust in je hoofd tot tien. Ben je bij tien aangekomen, dan begin je opnieuw met tellen. Word je afgeleid bij het tellen, dan begin je ook weer bij één. *That's it.* Ook hier zul je merken dat je aandacht regelmatig met een stroompje gedachten mee zal gaan. Niet erg. Juist het terugbrengen van je aandacht naar de oefening is wat je aan het trainen bent.

Deep work

Juf Karin, mijn lerares op de basisschool, had een missie: ons trainen in concentratie. Er ging geen schooldag voorbij of het was wel onderwerp van een kringgesprek. Werd het rumoerig in de klas, dan riep ze 'con-cen-tra-tie!'. Had je langer dan een halfuur met je neus ingespannen boven je boek gehangen, dan kreeg je van juf Karin een welgemeend compliment. Aandacht kun je trainen, moet haar gedachte zijn geweest, en hoe vroeger je dat doet hoe beter.

Toen ik bij haar in de klas zat, waren er nog geen mobiele telefoons en was internet alleen toegankelijk via een piepende inbelverbinding. Twintig jaar later hunker ik naar een juf Karin die me bij de les houdt. Ik word continu door prikkels van buitenaf gestoord. En op de zeldzame momenten dat dit niet zo is, heb ik zelf wel een dozijn regeldingen om me af te leiden. Ik mag dan wel een boek aan het schrijven zijn, op elk moment staan er ongeveer vijftig dingen op mijn to-dolijst die om mijn aandacht vechten, taken die vaak eenvoudiger en dus aantrekkelijker zijn dan het schrijven zelf. Geen wonder dat ik me voor dit boek regelmatig moest afzonderen van de buitenwereld, bijvoorbeeld door in een huisje op de hei te gaan zitten zonder internet.

Dat het zoveel moeite kost je enige tijd ergens op te concentreren, is jammer. Je beste werk lever je namelijk als je gedurende langere tijd ingespannen aan een taak of probleem zit te werken, dan komen de briljante ideeën. Juist het vermogen om je langere tijd intensief te concentreren op iets moeilijks is belangrijk. Je kunnen vastbijten in een complex probleem (of dat nu het schrijven van een elegant stuk code is of het uitwerken van een bedrijfsplan) is heel waardevol voor werkgevers. Je druk maken om alle impulsen van buitenaf doet immers iedereen al.

Computerwetenschapper Cal Newport pleit in zijn boek *Deep Work* voor een herwaardering van concentratievermogen. Hij gebruikt hiervoor de term *'deep work'.* Deep work draait om het vermogen om je langere tijd op een complexe taak te concentreren. Ben je ooit zo in iets opgegaan dat je het besef van tijd kwijtraakte, in een soort 'hyperfocus' terechtkwam en geen oog meer had voor de buitenwereld? Dan heb je al ervaren wat deep work inhoudt. Volgens Cal Newport is dit de manier van werken die zorgt voor geniale inzichten, productiviteit en een diepe tevredenheid over je eigen werk. De staat van deep work bereik je over het algemeen pas na meer dan een uur ingespannen werken. Dan zit je er pas lekker in en boek je echte progressie.

Dat uur ingespannen werken halen we amper meer. Langdurige concentratie wordt steeds zeldzamer in de moderne werkomgevingen. We blinken uit in *'shallow work'* – het tegenovergestelde van deep work – waarbij je vooral oppervlakkige taken uitvoert: mails beantwoorden, vergaderen, praten met collega's, de regeltaakjes op je to-dolijst. Newport maakt zich zorgen over de verhouding shallow work ten opzichte van deep work die we hanteren. Een groot deel van de werkdag bestaat uit snelle, oppervlakkige taken die we ook nog eens proberen te multitasken. Zo zitten we met een laptop in een vergadering om nog wat mails weg te werken. We voeren een telefoongesprek terwijl we een artikel lezen. Dit multitasken voelt alsof we heel productief zijn, terwijl dat in werkelijkheid helemaal niet zo is. Over het algemeen ben je onnauwkeuriger en langer bezig met beide taken dan wanneer je ze achter elkaar had gedaan.

Hoe groter de hoeveelheid shallow work, hoe minder tijd overblijft voor deep work. Hier komt bij dat deep work-taken soms dermate complex zijn dat we er ook een beetje bang voor zijn of ze vermijden. Het is heel intensief om je zo in te spannen, en net als bij hardlopen zijn de eerste twintig minuten vaak stomweg vervelend. Vaak moet je een niet-productief eerste uur door om in de flow terecht te komen. Het is dan gewoon aantrekkelijker om een aantal eenvoudige mailtjes weg te werken dan om te beginnen aan een ingewikkelde maar belangrijke klus. Iedereen die wel eens bezig is geweest met een groot werkstuk, en merkte dat het reorganiseren van het bureau opeens héél urgent leek, is bekend met dit principe.

Je echt inspannen voor een taak is moeilijk, zodat deep work nogal eens wordt weggedrukt door shallow taken. Dat is zonde, vindt Newport, want juist in je deep work-tijd maak je echt verschil en bewijs je wat je waard bent. Met je shallow work-vermogen kun jij je moeilijk onderscheiden van je collega's en *peers* – iederéén is tegenwoordig heel goed in shallow work. Juist met je vermogen tot echte concentratie en ingespannen arbeid kun je hoge ogen gooien. Het verschil in je carrière maak je niet met het wegwerken van shallow taken, maar met deep work.

Dit vermogen kun je trainen, maar het komt niet vanzelf. Newport pleit ervoor om jezelf een individuele cursus deep work cadeau te doen. Begin met momenten in je week te kiezen (blokken van anderhalf tot twee uur) waarin je ongestoord kunt werken aan een grote en belangrijke taak. Dit vereist dat je een plek vindt waar je niet aangesproken wordt (dus niet in die drukke kantoortuin!). Een koptelefoon die omgevingsgeluid wegfiltert helpt om je af te sluiten van de buitenwereld. Zorg dat je telefoon uit beeld is en op stil staat, en dat je mailprogramma gesloten is. Houd in je achterhoofd dat het tussen tien minuten en een halfuur kan duren voordat je écht in de flow komt van de taak, en accepteer dat het misschien nog niet direct lukt. Houd je aan de begin- en eindtijd die je met jezelf hebt afgesproken. Voor en na je deep work kun je je met een gerust hart verliezen in allerhande shallow taken die je aandacht nodig hebben.

Het helpt om voor je deep work een andere werkplek te gebruiken dan voor je shallow work. Zo geef je jezelf ook een signaal dat je echt met concentratie voor één taak aan de slag gaat. Newport geeft in zijn boek voorbeelden van mensen die speciaal naar een hutje op de hei gaan, of juist in trein of vliegtuig aanvallen op deep work. Maar het werkt ook heel goed om simpelweg aan een andere tafel te gaan zitten.

Newport raadt aan om in de eerste weken van je deep work-training slechts enkele keren per week kort te oefenen. Deep work is kneiterintensief, zeker als je gewend bent om te multitasken en je je regelmatig met shallow work bezighoudt. Je zult waarschijnlijk de neiging hebben om tóch een aantal eenvoudige taakjes op te pakken: dit is immers de weg van de minste weerstand. Hou vol, ondanks dat het nog niet vanzelf gaat, want je bent de vaardigheid van deep work nog aan het trainen. Pas wanneer je merkt dat het makkelijker gaat, kun je opbouwen naar een paar uur dagelijks deep work.

Het scheiden van deep work en shallow work is een goede manier om je werkdag in één klap een stuk productiever te maken. Het scheelt ook stress: je voorkomt hiermee dat je concentratie verstoord wordt, terwijl je wel zeker weet dat al je shallow taken op tijd af komen.

Plan komende week twee blokken van anderhalf tot twee uur deep work aan een belangrijk project of een belangrijke taak. Volg de instructies hierboven en zorg ervoor dat je niet gestoord kunt worden. Maak de tijd helemaal vol met de taak die je daarvoor hebt uitgekozen. Calculeer een kleine hoeveelheid frustratie in. Hoe was het voor je om op deze manier te werken? Hoe tevreden ben je met je werk?

Pomodoro-methode

Dit boek is vrijwel helemaal geschreven in pomodoro's. Met de pomodoro-techniek deel je een werkdag op in een voorspelbaar ritme van ingespannen werken, afgewisseld met korte pauzes. De techniek helpt je dus bij het indelen van je tijd. Je wordt er gemotiveerder van en het maakt dat je tevreden bent over het werk dat je hebt gedaan. Het zorgt ervoor dat een enorme taak opeens best wel behapbaar lijkt. En je hoeft er niet méér voor te kunnen dan een wekker zetten. Ik <3 pomodoro's.

Je kunt je dag indelen in blokken van 25 minuten ingespannen werk, afgewisseld met 5 minuten rust. Zo'n blokje noem je dus een pomodoro, en er gaan er best wel veel van in een volle werkdag. Pomodoro's werken vooral goed bij taken waar je een paar uur mee bezig bent: nakijkwerk, het schrijven van een rapport, studeren voor een tentamen. Ook dit is zo'n methode die misleidend eenvoudig is, maar werkt als een tierelier.

Het gaat als volgt: identificeer een taak en plan een blok van het aantal uren dat je eraan kunt werken. Pak een kookwekker (of de timer op je telefoon) en zet deze op 25 minuten. In deze 25 minuten ben je alléén met die taak bezig. Als de wekker gaat, neem je 5 minuten pauze (ook getimed met de wekker, niet valsspelen!), waarin je zelf mag bepalen wat je doet. Appen met je minnaar, memes bekijken op Reddit, wat uit het raam staren, wat je maar wilt. Als de wekker gaat: een nieuwe cyclus van 25 minuten werken en 5 minuten pauze. Heb je vier van deze cycli gedaan, dan neem je in plaats van 5 minuten een kwartier pauze. Herhaal *ad infinitum,* of tot je werkdag erop zit.

Deze methode werkt zo goed omdat 25 minuten precies een behapbaar stuk van je tijd is. Tijdens het werken hoef je geen zorgen te hebben over de hele taak, die groot en ingewikkeld kan zijn. Je hoeft je alleen maar op de volgende 25 minuten te richten, en die zijn voorbij voor je het weet. Het maakt dat je werktijd te kwantificeren is. Je bent tevreden over de inspanning die je hebt geleverd, nog los van het resultaat. Zo kun je ook tevreden zijn over je dag, terwijl je nog niet alles af hebt: 'Oké, er moet nog wel wat gebeuren, maar ik ben er vandaag toch mooi acht pomodoro's mee bezig geweest – props voor mij.' Bovendien neem je met deze techniek voldoende pauzes, en dat is belangrijk voor je motivatie. Het vooruitzicht van 25 minuten geconcentreerd werken is te doen, en alle afleidende taken kun je gemakkelijk opschuiven ('Over tien minuten heb ik pauze, dan deal ik hiermee').

Wanneer je de pomodoro-techniek een tijdje gebruikt, ga je ook denken in pomodoro's ('Voor de voorbereiding hiervan heb ik twee pomodoro's nodig'). Het geeft een werkdag een duidelijk ritme. Bij het schrijven van dit boek hield ik zo'n tien pomodoro's intensief schrijven vol op een hele dag. Extra schrijftijd was bonus. Had ik een halve dag de tijd, dan maakte ik vijf pomodoro's vol en kon ik met een gerust hart stoppen – hoofdstuk af of niet. Had ik na acht pomodoro's echt geen zin meer, dan hielp het vooruitzicht van 'nog maar twee pomodoro's' me over de streep.

Het werken in pomodoro's betekent dat je jezelf beoordeelt op je inzet en niet op je prestaties. Het doet wonderen voor je motivatie. Waar de naam vandaan komt? De bedenker had een kookwekker in de vorm van een tomaat.

Deel morgen je dag in pomodoro's in. Werk in blokken van 25 minuten ingespannen door, afgewisseld met 5 minuten pauze. Na vier van deze cycli neem je een langere pauze. Merk op wat dit doet met je motivatie en efficiëntie.

Stoorzender wordt hulpbron

Soms komt hulp uit een onverwachte hoek. Onze telefoon, die zo vaak een bron is van stress en zo vaak onze aandacht wegkaapt, kan je ook helpen bij het bereiken van een betere concentratie. De laatste jaren is er een flink aantal apps op de markt gekomen met hulpmiddelen om je beter te concentreren en beter te plannen en te organiseren. Ook op het gebied van mindfulness zijn er handige apps op de markt gekomen. Hieronder enkele van mijn persoonlijke favorieten – hulpmiddelen die ik de afgelopen jaren ben gaan gebruiken voor meer rust en een betere concentratie.

Moment is een monitor voor hoe vaak en hoeveel je jouw telefoon gebruikt. De app draait op de achtergrond, en geeft elke dag een update over je telefoongebruik. Je kunt grafieken terugzien over je gebruik van de afgelopen maand. Zo kon ik constateren dat ik dagelijks ongeveer veertig keer mijn telefoon oppak en gemiddeld zo'n uur tot anderhalf uur op mijn telefoon zit. Huilen, natuurlijk. In het weekend zijn er uitschieters naar twee tot zelfs vier (!) uur. In de app zitten ook *challenges*, opdrachten om je telefoonverslaving aan te pakken.

Wilskracht is *overrated*, dat zagen we al in het vorige hoofdstuk. Om van mijn ingesleten gewoonte om op elk loos moment Facebook te checken af te komen, had ik dan ook hulp nodig. Ik besloot de app te verwijderen van mijn telefoon. Maar daarmee was ik er nog niet, want toen gebruikte ik vooral mijn compúter om eindeloos langs die olijke kattenfoto's te scrollen. Een browserextensie genaamd **WasteMyTime** bracht uitkomst. Het werkt als een soort kinderslot: bepaalde veelgebruikte *time wasters* (Facebook, Reddit, 9GAG) worden door de extensie geblokkeerd. Als je navigeert naar de pagina in kwestie, kom je in plaats daarvan op een alternatieve website met de vraag: *Shouldn't you be working?* Toegegeven, het is nog steeds mogelijk om via een andere browser de sites te benaderen, maar daar is een complexere handeling voor nodig. In plaats van het eerdere automatisme moet ik nu bewust op zoek naar een omweg voor mijn Facebook-fix, en dat doe ik veel minder vaak.

Be Focused is een app die je op een eenvoudige manier in pomodoro's laat werken. Er is een app voor je telefoon maar ook voor je computer, en die laatste prefereer ik wanneer ik in pomodoro's werk. Als je hem aanzet telt er een timer terug van 25 minuten naar nul. Heb je je pomodoro volgemaakt, dan gaat er een indringend piepsignaal af (even uitzetten als je in een bibliotheek aan het werken bent). Een dergelijke timer loopt ook terug tijdens je pauzes. Met andere woorden: doet precies wat hij moet doen.

Er bestaat ook een hele trits aan apps die helpen bij ademhalingsoefeningen. De app **Oak** is handig bij het doen van de eerder besproken 4-7-8-techniek, zodat je niet eens zelf hoeft te tellen. De **Breathing App** doet dit nog minimalistischer: in je scherm wordt een bal groter of kleiner bij een in- of uitademing; verder geen toeters of bellen.

Eerlijk gezegd zie je door de mindfulnessapps zo ongeveer het bos niet meer. Ik heb ze niet allemaal getest (als het op apps aankomt ligt het voor de hand om een satisficer te zijn in plaats van een maximizer). Van de apps die ik wel ken, raad ik **Headspace** vaak aan. De app heeft een aantal zeer laagdrempelige oefeningen in mediteren. Het gratis basisprogramma biedt tien geleide meditaties variërend van drie tot tien minuten. De basics van mindfulness worden uitgelegd met verhelderende filmpjes, en de nuchtere Brit die het presenteert heeft een prettige stem om naar te luisteren.

Mijn absoluut favoriete app heet **Forest** en helpt je te concentreren. De app zorgt ervoor dat je minder snel je telefoon oppakt als je een notificatie binnenkrijgt. Ik vind Forest zo leuk omdat het op een heel slimme manier gebruikmaakt van onze psychologie. De app kent een duivels eenvoudig principe. Je zet Forest op een bepaald aantal minuten. In die tijd begint er een boompje te groeien. Blijf je gedurende de hele door jou ingestelde tijd van je telefoon af, dan verschijnt er een prachtig boompje in je virtuele tuin. Als je in die tijd wél iets doet met je telefoon, gaat je boompje dood. Dat wil je natuurlijk niet, dat je boompje doodgaat! Dood en wel blijft het tot aan het eind der tijden in je virtuele tuin staan, als een verdrietige herinnering aan dat moment dat jij je niet kon beheersen... Dus denk je wel twee keer na of je je telefoon wilt gebruiken. Een app die ervoor zorgt dat je uit schuldgevoel je telefoon niet aanraakt – ik vind het briljant.

Je kunt deze apps vinden via de appstore van Apple of Google. Dit is uiteraard geen uitputtende lijst van alle handige productiviteitsapps. Het geeft wel een beeld van wat er zoal mogelijk is. Het kan zijn dat enkele hiervan tegen de tijd dat je dit leest alweer achterhaald zijn – er komen elke dag nieuwe hulpmiddelen bij. Ga vooral ook zelf op ontdekkingstocht.

Je aandacht is van jou

In drukke, veeleisende tijden is je aandacht dus een superkracht. Maar in tegenstelling tot menig superheld, hoef jij voor deze superkracht niet jarenlang in de leer bij een norse monnik in de bergen van Nepal of een gevaarlijk radioactief drankje te drinken. Je aandacht ontwikkelen kan eenvoudig, thuis en op je werk. Je aandacht trainen – bijvoorbeeld door te leren mediteren – is niet altijd makkelijk en soms ronduit stom, maar het heeft enorme resultaten. Daarom is het tijd om je aandacht terug te claimen van alles en iedereen die het zomaar van je probeert te stelen. Jouw aandacht is van jou, herover hem en geef hem niet meer zomaar weg!

Je aandacht terugclaimen doe je dus door:

- bewust oefeningen te doen (bijvoorbeeld mindfulness) waarmee jij je hersenen traint en je bewuster wordt van wat er in je hoofd omgaat;
- te oefenen met korte periodes van intense concentratie, waarin je niet gestoord wordt en super-productief bent;
- je werkdag duidelijk in te delen, bijvoorbeeld aan de hand van de pomodoro-methode;
- je telefoon en laptop als hulpmiddel te gebruiken bij het werken met aandacht.

2030 BURN-OUTVRIJ • EEN MANIFEST

In dit boek heb je kunnen lezen dat druk zijn een keuze is. Je hebt gelezen hoe stress werkt, waar we stress van krijgen, welke stappen je zelf kunt zetten om stress tegen te gaan en hoe je meer rust in je hoofd en in je leven kunt krijgen. Kortom, tot nu toe is het uitgangspunt geweest dat je alleen *zelf* kunt zorgen voor minder stress in je leven.

Dat is natuurlijk niet helemaal waar. Het stressprobleem gaat ons allemaal aan. We zijn bezig elkaar op te jutten om sneller, voller en intenser te leven. En ondertussen zien we met lede ogen aan hoe de een na de ander in een burn-out terechtkomt. Het ziet er niet naar uit dat ons werk de komende jaren ineens minder druk zal zijn – en hetzelfde geldt voor ons privébestaan. Integendeel: de technologie snelt door, ons werk eist steeds meer van ons en onze agenda's lopen steeds sneller vol. Het tempo waarin we leven wordt alsmaar opgestuwd en we krijgen steeds meer mogelijkheden om altijd 'aan' te staan.

Momenteel krijgt al een aanzienlijk deel van de mensen te maken met een burn-out. Dit geldt voor alle leeftijden, maar voor mensen die net aan hun carrière beginnen, zijn de cijfers zelfs nog hoger. De nieuwste tragische trend: er zijn zelfs steeds meer leerlingen in het voortgezet onderwijs die aan de prestatiedruk onderdoor gaan en met een burn-out thuis komen te zitten.

Waar zijn we over tien jaar? Komt dan één op de drie mensen ergens in het leven thuis te zitten met stressklachten? Of de helft? 'Heb jij je burn-out al gehad?' zullen we aan elkaar vragen, 'Nee? Nou, sterkte dan!'

Het moet anders. Elke burn-out is er één te veel, niet alleen vanwege de maatschappelijke kosten maar vooral vanwege alle leed die het met zich meebrengt en de reusachtige verspilling van talent. En dat terwijl het ook nog eens onnodig is: door in een vroeg stadium in te grijpen, kun je voorkomen dat het zover komt. We kunnen het aantal burn-outs verminderen, maar alleen als we inzien dat het niet een individueel probleem betreft, maar een probleem van ons allemaal.

Ik heb een droom. Mijn droom is dat we voor 2030 deze burn-out-epidemie hebben overwonnen: 2030 BURNOUTVRIJ. Waarom 2030? Omdat dat ons iets meer dan tien jaar geeft om onze manier van leven aan te passen. We kunnen de fokking drukte in ons eigen leven indammen en tegelijk anderen helpen om een burn-out te voorkomen. Maar we kunnen deze droom alleen verwezenlijken als we er állemaal aan meedoen. Het is alle hens aan dek!

We moeten af van het taboe dat nog steeds om stress en burn-out heen hangt. Het wordt tijd dat we mensen die aangeven stress te ervaren niet meer zien als zwak maar als verstandig, omdat ze luisteren naar wat hun lichaam aangeeft. We moeten inzien dat, ondanks dat stress 'tussen de oren' zit, je er net zo goed ziek van kunt worden, en dat te veel stress op de langere termijn flinke nadelige gevolgen heeft voor je gezondheid. In de ideale situatie is dit feit zo geaccepteerd dat we bij te veel stress ook gas terugnemen – bijvoorbeeld door ons een dag ziek te melden – om erger te voorkomen.

We moeten ook investeren in vroegsignalering. Mensen die te gestrest zijn, hebben dit vaak niet van zichzelf door: regelmatig zijn het mensen om hen heen die aan de bel trekken omdat ze zich zorgen maken. Managers, huisartsen, docenten en vertrouwenspersonen zouden de kenmerken van stress moeten (her)kennen en moeten weten hoe ze deze signalen bespreekbaar kunnen maken. Ook is het voor het terugdringen van het aantal burn-outs nodig om wetgeving in te stellen die burgers beschermt tegen werkstress.

In dit hoofdstuk staan enkele suggesties over hoe we het doel van 2030 BURN-OUTVRIJ kunnen verwezenlijken. Er staan tips in over wat je kunt doen als jij je zorgen maakt over iemand in je omgeving die te kampen heeft met stress. Er staan suggesties in hoe je de stress op je werkplek tegen kunt gaan, met name als je manager of werkgever bent. Tot slot staat er een aantal suggesties in om op grotere schaal stress tegen te gaan. 2030 BURN-OUTVRIJ vereist dat we op een andere manier gaan nadenken over drukte en drastische maatregelen nemen. Het is nodig onze eigen gezondheid én die van anderen beschermen. Het zal niet makkelijk zijn, maar het is mogelijk, mits we het met zijn allen doen.

2030 BURN-OUTVRIJ? JA, DAT KAN!

Als je je zorgen maakt over iemand anders

Wanneer je dit boek hebt gelezen, heb je als het goed is meer grip op stress in je leven. Maar misschien maak jij je ook zorgen om iemand in je omgeving die je ziet afstevenen op een enkeltje burn-out. Misschien heb je dit boek daarom zelfs wel aangeschaft.

Laat ik beginnen met het slechte nieuws: jij kunt het probleem niet voor iemand anders oplossen, hoe graag je dat ook zou willen. Je kunt nooit voor de ander de keuze maken dat hij of zij hulp nodig heeft, dat zal diegene echt zelf moeten doen. Bovendien is het welzijn van een andere volwassene nooit jouw verantwoordelijkheid. Hoe goedbedoeld ook, ongevraagd advies is over het algemeen aan dovemansoren gericht. In het slechtste geval kan ongevraagd advies weerstand of irritatie oproepen: waar bemoei jij je eigenlijk mee?

Dit betekent niet dat je machteloos moet toekijken hoe diegene zichzelf in een burn-out werkt. Er zijn wel degelijk dingen die je kunt doen om te ondersteunen. Zo kun je bijvoorbeeld het gesprek openen door over je eigen ervaringen met stress te praten. Hiermee geef je aan dat het een veilig onderwerp is, iets waar diegene met jou over zou kunnen praten. Je zorgt er zo ook voor dat jij jezelf met diegene op één lijn stelt, en niet uit de hoogte praat. Het goede voorbeeld geven is vaak de beste manier om te helpen.

Je zou ook vragen kunnen stellen over hoe diegene om-

gaat met de drukte. Het kan zelfs zo zijn dat jij iets hebt gezien wat diegene zelf nog niet eens doorhad. Simpele en neutrale vragen als 'Goh, jij hebt het ook wel druk, hè?' of 'Hoe ga jij eigenlijk om met de stress?' kan hem of haar een opening bieden om er vrijuit over te praten.

Maak jij je flinke zorgen om iemand, dan kan het passend zijn om die zorgen te delen. Zorg er dan wel voor dat je dit voorzichtig aanpakt, en de ander niet het idee geeft dat hij of zij iets fout doet. Het beste kun je dit doen vanuit de ik-vorm: 'Ik heb de laatste tijd ..., ... en ... gezien. Ik krijg daardoor de indruk dat je momenteel best wat stress hebt. Klopt dat?'

Wees wel bereid om enige tegenstand te incasseren. Je bemoeit je met hoe iemand zijn of haar leven leidt, en dat wordt je (in eerste instantie) niet altijd in dank afgenomen. Bovendien heb je te maken met iemand bij wie de basisspanning hoog is: dan kan bemoeienis al snel leiden tot ergernis. Het kan goed zijn dat iemand in eerste instantie bot of boos reageert, maar er later wel degelijk over gaat nadenken. Zorg ervoor dat je niet pusht: als iemand aangeeft dat hij of zij niet gediend is van je zorgen, blijf je er dan niet mee bemoeien. Het is niet jouw taak om diegene te 'redden'.

Zoals we al eerder gezien hebben, zorgen mensen dikwijls minder goed voor zichzelf dan voor anderen. Des te belangrijker is het om elkaar – in families, in vriendengroepen, onder collega's – in de gaten te houden en waar nodig voor elkaar te zorgen. Samen staan we sterker dan alleen.

Wat kun je doen als jij je zorgen maakt?

Wel doen:

- Praten over je eigen ervaringen met stress.
- Vragen stellen over hoe de ander met drukte omgaat, bijvoorbeeld door te vragen: 'Jij hebt het ook best druk, hè?'
- Maak jij je grote zorgen, dan kan het gepast zijn die zorgen (op een neutrale manier) te delen.

Niet doen:

- Ongevraagd advies geven; dit leidt vaak tot irritatie of weerstand omdat 'je er toch niets van snapt'.
- De indruk wekken dat jij het beter weet.
- Je met iemand bemoeien terwijl diegene aangeeft daar niet van gediend te zijn.

Op het werk

We gaan voor ons werk door het vuur, ook al gaat dat soms ten koste van onze gezondheid. Tegelijk stelt ons werk steeds hogere eisen aan ons. We laten het werk regelmatig onze vrije tijd binnendringen. We werken meer over dan ooit, al worden we daar regelmatig niet voor betaald.

Nog niet al te lang geleden was aangeven dat je last had van stress op het werk uit den boze. Gaf je aan dat je de drukte niet aankon, dan werd je gezien als een klager of als 'zwak'. Nog steeds is stress binnen sommige bedrijven taboe. En nog steeds kun je op sommige werkplekken scoren door je roekeloos het schompes te werken.

Er lijkt echter wel een ommezwaai gaande: het aantal werkplekken waar stress wèl bespreekbaar is neemt toe. Bij steeds meer organisaties is er aandacht voor drukte, stress en burnout. Soms is dit noodgedwongen, bijvoorbeeld omdat er op een afdeling een aantal mensen een burn-out hebben gekregen of omdat een leidinggevende zelf heeft meegemaakt dat de drukte te veel werd. Er zijn ook steeds meer bedrijven waar het besef begint te dagen dat ontspannen medewerkers productiever en tevredener zijn. Zorg je goed voor je medewerkers, dan zijn ze ook op de langere termijn op een gezonde manier inzetbaar. Behandel je jouw personeel als wegwerpartikelen, dan krijg je om de haverklap te maken met burn-outs.

Willen we in 2030 burn-outvrij zijn, dan moet er op het gebied van onze werkomstandigheden wel het een en ander veranderen. Het wordt tijd om serieuze stappen te zetten om het welzijn en de duurzame inzetbaarheid van medewerkers te verbeteren. Concreet gezien komt dat op het volgende neer: stress bespreekbaar maken, medewerkers de basics van stressmanagement leren en maatregelen treffen om de hoeveelheid stress op het werk te verlagen.

Om hier iets in te betekenen, hoef je geen leidinggevende positie te hebben. Juist als collega kun je hier een voortrekkersrol in spelen. Je kunt het onderwerp in een vergadering aankaarten, en suggesties doen hoe de werkomstandigheden en de werksfeer kunnen verbeteren. Onderschat niet wat voor impact het kan hebben als je vertelt over je eigen ervaringen met stress. Het kan anderen over de streep helpen om toe te geven dat ze gebukt gaan onder stress. Het kweekt begrip, en maakt duidelijk dat burn-outpreventie een gezamenlijke verantwoordelijkheid is.

Heeft je leidinggevende hier normaal gesproken weinig oog voor, dan kan het nodig zijn om hem of haar hierover te informeren, bijvoorbeeld door duidelijk te maken dat investeren in burn-outpreventie zichzelf makkelijk terugbetaalt. Ook zou je het onderwerp kunnen agenderen bij bijvoorbeeld de ondernemingsraad.

Is stress eenmaal een gespreksonderwerp, dan kun je afspraken gaan maken die de stress verminderen. Zo is het vaak nodig om afspraken te maken over de onderlinge communicatie op het werk: via welke middelen worden er berichten naar elkaar gestuurd, en op welke momenten? Je kunt bijvoorbeeld afspreken dat alle echt urgente communicatie telefonisch gebeurt, en alle niet-urgente zaken niet. Spreek af dat berichten per mail of app best een dag kunnen wachten. Maak ook afspraken over of en waarvoor mensen buiten kantoortijden mogen worden gestoord. Wanneer je de werktelefoon na werktijd met een gerust hart kunt uitzetten, en je geen onuitgesproken verplichting voelt om in je vrije tijd je mail of de appgroep in de gaten te houden, scheelt dit een hoop kopzorgen.

Andere punten waar je afspraken over kunt maken zijn overwerk en hoe absenties van collega's worden opgevangen. Hoeveel overwerk vinden jullie als team acceptabel? Hoe wordt dit beloond? In hoeverre heb je het recht om overwerk te weigeren als het jou niet uitkomt? Mocht er iemand uitvallen, zijn jullie dan als team verantwoordelijk voor het opvangen van het werk, of kan er een externe invaller worden ingeschakeld in nood?

Als manager of leidinggevende ben je verantwoordelijk voor het terugdringen en voorkomen van stress bij je team. De meest voor de hand liggende maatregelen hebben te maken met (nieuwe) werknemers stressbestendiger maken, door middel van een cursus 'omgaan met stress' of het aanstellen van een coach waar medewerkers naartoe kunnen wanneer ze last hebben van te veel drukte.

Zorg dat je de signalen van stress van een van je medewerkers op tijd weet te herkennen. Mensen die last hebben van stress, hebben dit soms zelf nog niet door of zullen dit ontkennen. Hou een vinger aan de pols en gebruik je eigen inschattingsvermogen. Is deze persoon gejaagder of geïrriteerder dan normaal? Dan kan het handig zijn om het gesprek aan te gaan. Zorg ook dat er een arboarts beschikbaar is bij wie iemand met burn-outverschijnselen tijdig terechtkan. Klinkt logisch, maar het komt vaak genoeg voor dat er wekenlange

wachtlijsten zijn, en dat kun je er nu net niet bij hebben als je heel gestrest bent. Wees goed op de hoogte van de protocollen rond burn-out, en zorg dat je het herintreden van iemand die herstelt van een burn-out goed kunt begeleiden.

Ook op het gebied van werkomstandigheden kun je stressverlagende maatregelen treffen. Dit kan door gezond eten beschikbaar te stellen en het lunchen achter de computer af te raden. Je kunt medewerkers stimuleren om in hun pauze vaker naar buiten te gaan om te wandelen. Het aanbieden van mindfulness kan een goede manier zijn om stress te voorkomen; er zijn bedrijven waar medewerkers zich kunnen inschrijven voor een inhouse cursus mindfulness, of waar zelfs enkele keren per week gezamenlijk wordt gemediteerd.

We kunnen onze werkomstandigheden verbeteren, maar alleen als we ons daar allemaal voor inzetten. Pas als we onze werkomstandigheden aanpassen aan wat voor óns werkt (in plaats van andersom) kunnen we de stress op het werk echt terugdringen. Ik hoorde laatst een mooi voorbeeld van hoe dat kan. Een bevriende arts had haar eerste dag op haar nieuwe werkplek. Nadat haar dienst was afgelopen, zat ze achter de computer nog wat administratie te doen en wat dossiers te updaten, zoals ze dat bij haar vorige werk ook gewend was. Er verscheen een collega aan haar bureau en ze kreeg een reprimande: 'Wij hebben hier met elkaar afgesproken dat we niet buiten werktijd met ons werk bezig zijn. In het belang van iedereen hebben we de afspraak dat we niet buiten dienst werken.'

Wat kun je doen om de stress op het werk te verminderen?

Als teamlid/collega:

- Het thema stress op de (vergader)agenda zetten, bijvoorbeeld door je eigen verhaal te vertellen.
- Duidelijke onderlinge afspraken maken over bereikbaarheid, communicatie en overwerk.
- Het gesprek aangaan met je leidinggevende, hem of haar indien nodig bijpraten over de gevaren van stress en burn-out.

Als manager/leidinggevende:

- Zorgen dat je in een vroeg stadium signalen van stress bij je medewerkers opmerkt en het gesprek daarover aangaat.
- Zorgen dat er duidelijke protocollen zijn voor wanneer er sprake is van burn-out.
- Maatregelen treffen om de werkomstandigheden te verbeteren: zorgen voor duidelijke begin- en eindtijden, genoeg echte pauzes, gezonde voeding, etc.

Drastische maatregelen

Hoe belangrijk het ook is om te passen op de mensen in je omgeving en op je werk te zorgen voor betere werkomstandigheden, in zekere zin blijft dit symptoombestrijding: het pakt gevolgen van stress aan maar laat de onderliggende oorzaken ongemoeid. Om stress bij de oorsprong aan te pakken, en zo het doel van 2030 BURN-OUTVRIJ te halen, is méér nodig: een cultuurverandering.

In de wereld van de topsport is het belang van rust al langer bekend. Je zou misschien verwachten dat het schema van een atleet die zich klaarmaakt voor de Olympische Spelen aardig vol zit met intensieve trainingssessies. Dat klopt maar ten dele. Een van de belangrijkste onderdelen van zo'n trainingsschema is juist het nemen van voldoende rust en het zorgen voor genoeg ontspanning. Doe je dat als topsporter niet, push je jezelf te veel, dan heb je grote kans om 'overtraind' te raken, zeg maar de burn-out van sporters. Hoe goed je ook in vorm bent, jezelf overtrainen maakt dat je jezelf al voor de belangrijke wedstrijd opblaast. Ben je overtraind, dan kun je niet meer presteren. En daarom bevat het schema van een topatleet naast inspanning ook rustdagen, voldoende slaap en gezond eten.

Wat voor sporters geldt, is ook in het algemeen waar: als je grote prestaties van jezelf verwacht, moet je tussendoor ook voldoende rusten. Je kunt niet meerdere marathons per week rennen, en dit geldt ook voor de marathon van ons werk. Maar in plaats van tussen piekmomenten voldoende ontspanning in te plannen, hebben we juist de neiging om álle gaatjes in onze agenda op te vullen met werk of met andere interessante bezigheden. Als we even niets te doen hebben, voelen we ons vaak schuldig: had ik nu niet iets nuttigs kunnen doen?

Willen we van stress en burn-out af, dan moeten we ook af van het taboe op rust houden. Rust en ontspanning zouden een grotere plek in ons leven moeten krijgen, niet alleen om 'bij te komen', maar ook als een manier van leven. Tussen momenten van grote inspanning zijn periodes van ontspanning noodzakelijk. Dat is niet alleen gezond voor je lijf, maar ook goed voor je hoofd: je hebt ook tijd nodig om na te denken, te reflecteren en je misschien zelfs te vervelen. En dat gaat niet als je alsmaar doordendert.

We dienen de kunst van het rusten onder de knie te krijgen, zeker in drukke tijden. Ik stel me zo voor dat het over enkele jaren volledig acceptabel is om zoiets te zeggen als: 'Aangezien ik vorige week extra hard heb gewerkt aan dat project, neem ik deze week een extra dag rust.' Je rust nemen zou niet alleen iets moeten zijn wat je doet als je al uitgeput bent, maar juist om reserves op te bouwen. Op school zou je niet alleen te horen moeten krijgen dat je elke dag je uiterste best moet doen, maar ook dat je alleen kunt presteren met voldoende ontspanning. Pas als we de rust omarmen, kunnen we een vuist maken tegen stress en burn-out.

Burn-out is een serieus probleem, en het wordt tijd dat ook de politiek dit probleem serieus neemt. Gezien de hoge kosten die het burn-outprobleem met zich meebrengt en de nog veel grotere consequenties voor de mensen die ermee te maken krijgen, is het nodig dat zoveel mogelijk werkstressklachten worden voorkomen. Dat betekent niet alleen hulp beschikbaar stellen voor mensen die te maken krijgen met een burn-out, maar ook burn-outpreventie hoger op de agenda zetten. En niet alleen met woorden, maar ook met passende maatregelen.

In haar boek *Willing slaves* uit 2004 houdt Madeleine Bunting een pleidooi voor wat zij 'welzijnspolitiek' noemt: beleid dat niet alleen gericht is op het ondersteunen van economische groei, maar waarin ook de rechten van werknemers belangrijk worden gevonden. Bunting stelt een aantal maatregelen* voor die voor minder stress zouden moeten zorgen, met name voor mensen die naast hun werk ook zorgtaken hebben. In haar manifest oppert zij onder meer de volgende maatregelen:

- Het recht op flexibel werken en deeltijdwerk, tenzij dit (met goede argumenten gemotiveerd) onmogelijk is voor een bedrijf of organisatie.
- Universele (gratis) kinderopvang voor kinderen van twee jaar tot basisschoolleeftijd.
- Een basisinkomen voor ouders die fulltime zorgen voor kinderen van jonger dan drie jaar.
- Extra pensioencompensatie voor mensen die een pensioengat hebben vanwege zorgverplichtingen (voor kinderen, maar ook mantelzorg).

Nu, vijftien jaar vol technologische ontwikkelingen later, zouden we hier nog de volgende maatregelen aan kunnen toevoegen:

- Het recht om zonder negatieve consequenties 's avonds en in het weekend je werktelefoon uit te schakelen.
- Het recht om in je vrije tijd niet gestoord te worden met werkgerelateerde mails of appjes.
- Laagdrempelige coaching of ondersteuning voor werkstressklachten, zodat kan worden ingegrepen vóór iemand in een burn-out terechtkomt.

---

* Ondanks dat het boek van Bunting ongeveer vijftien jaar geleden is geschreven, zijn haar voorgestelde maatregelen nog steeds actueel. Dit betekent helaas ook dat we wat betreft werknemerswelzijn de afgelopen vijftien jaar niet al te veel zijn opgeschoten...

Er zijn inmiddels wereldwijd verschillende experimenten gaande waarbij niet wordt uitgegaan van een vijfdaagse maar van een vierdaagse werkweek. Deze experimenten hebben veelbelovende resultaten: werknemers krijgen niet minder gedaan, maar zijn wel tevredener, meer ontspannen en geconcentreerder. Wanneer je minder tijd hebt om hetzelfde werk in te doen, doet dat wonderen voor het stellen van prioriteiten, zo blijkt. Het lijkt daarom aan te raden om de veertigurige werkweek los te laten en in plaats daarvan een 35-urige of zelfs 32-urige werkweek in te stellen.

De maatregelen hierboven zouden gecombineerd kunnen worden met dezelfde soort regelgeving die inmiddels in Frankrijk van kracht is: voor bedrijven en organisaties met meer dan vijftig mensen in dienst is het daar verboden om na werktijd en in het weekend e-mail te sturen. Hiernaast zou overwogen kunnen worden om werkgevers vaker mee te laten betalen aan ziekte-absentie die wordt veroorzaakt door werkstress: een prikkel voor werkgevers om de stressklachten van hun werknemers serieuzer te nemen.

Ik ben niet naïef; ik verwacht niet dat deze maatregelen zonder slag of stoot kunnen worden ingevoerd. Er zullen werkgroepen moeten worden opgestart en convenanten getekend. Er zullen onderhandelingen moeten worden gevoerd tussen werkgevers en werknemers, en er zullen heilige huisjes moeten sneuvelen. Het alternatief is echter nog minder aantrekkelijk: dat we zo'n beetje allemaal aan stressproblemen ten onder gaan.

Twee scenario's

Hoe 2030 eruit zal zien is moeilijk te voorspellen. Ongetwijfeld hebben we tegen die tijd weer flinke stappen gezet in de ontwikkeling van de mensheid, ten goede of ten kwade. Ook technologisch gezien zal er veel zijn veranderd. Misschien is het fileprobleem opgelost, omdat we allemaal in slimme, zelfrijdende auto's rijden. Wellicht dompelen we ons elke avond onder in een *full-body* VR-ervaring.

2030 is hoe dan ook een stuk dichterbij dan je denkt. Wat we vandaag doen en welke keuzes we nu maken, heeft invloed op hoe de toekomst wordt gevormd. Op het gebied van stress en drukte kunnen we ruwweg twee kanten op.

In het eerste scenario vallen we in 2030 ten prooi aan een nog veeleisender arbeidsmarkt, met weinig zekerheid en veel risico. We zullen technologie hebben gecreëerd die ons nóg meer in de ban weet te houden. Het resultaat is dat we elke minuut van de dag waarop we niet productief zijn, bewegen in een wereld van likes, technostress en prestatiedruk. We werken non-stop en de weinige momenten dat we vrij zijn vullen we tot de nok toe met entertainment en activiteit. We worden geleefd, en dat in een steeds sneller tempo. Uitvallen door stress is de normaalste zaak van de wereld. In dit scenario is het burn-outpercentage nog verder gestegen.

In het tweede scenario hebben we rust omarmd als een belangrijk onderdeel van ons leven. Het is mogelijk om een fulltime werkweek te combineren met zorgtaken én zelfontwikkeling. We worden aangemoedigd om goed voor onszelf te zorgen en er is op het gebied van stress adequate, laagdrempelige hulp aanwezig. We gebruiken uiteraard technologie om met anderen en met de wereld in contact te staan, maar laten technologie niet ons leven dicteren. Het aantal burn-outs is drastisch teruggedrongen. Dit is de droom van 2030 BURN-OUTVRIJ.

De keuze voor een van deze twee scenario's ligt bij onszelf. Blijven we werkverslaafd of kiezen we voor een gezondere balans tussen ons werk en onze vrije tijd? Blijven we leven in een wereld van likes, of beschermen we onszelf tegen de terreur van social media? Proberen we de steeds versnellende wereld bij te benen of bepalen we zelf het tempo? Willen we leven of geleefd worden?

We zullen moeten kiezen. Als we dat niet doen, wordt er vóór ons gekozen.

We kunnen in 2030 BURN-OUTVRIJ zijn, maar dat vereist wel actie: op persoonlijk vlak, op het niveau van onze eigen werkplek én op grotere schaal. We kunnen dit pas bereiken wanneer we onze eigen gezondheid en die van anderen voldoende serieus nemen. En daar moeten we vandaag mee starten.

THE DARK ARTS OF STRESS RELIEF

Dan volgt nu nog een samenvatting van de belangrijkste inzichten uit dit boek. Deze inzichten samen noem ik persoonlijk *the dark arts of stress relief.* Minder duister zou je ze ook 'tegelwijsheden voor een rustiger leven' kunnen noemen. Samen vormen ze de hoofdgedachten van dit boek. Het wil nog wel eens helpen om deze in geval van nood door te nemen, of ze ergens in je huis of op kantoor op te hangen, zodat je er van tijd tot tijd nog eens over nadenkt.

- *Stress* is onvermijdelijk, maar *druk zijn* is een keuze.

- Als je ook werkt in je vrije tijd, is het geen vrije tijd maar werktijd.

- Dat iemand je een mail stuurt, betekent nog niet dat je verplicht bent om te antwoorden.

- E-mail is een to-do-lijst voor jou, maar dan beheerd door andere mensen.

- Je tijd en je aandacht zijn de kostbaarste dingen die je bezit. Wees kritisch over waar je ze aan besteedt.

- *Missing out* is onvermijdelijk, en niet iets om bang voor te zijn.

- Het maken van De Ultieme Keuze – voor zover deze al bestaat – kost vaak onnoemlijk veel tijd.

- Als jij geen keuzes maakt, doet iemand anders het wel voor je.

- Vrij weinig dingen hoeven echt perfect te zijn.

- Je bent waarschijnlijk minder onmisbaar dan je zelf denkt (en dat is goed nieuws).

- Een beetje spanning is gezond, maar te veel of te lang stress is slecht voor je gezondheid.

- Als je strest, kun je heel goed vechten of vluchten, maar niet zo heel goed nadenken.

- Burn-out is een soort noodrem van het lichaam, een blessure van het stresssysteem.

- We zijn niet alleen maar een brein op pootjes, er hangt nog een heel lichaam onder.

- Stress gaat gepaard met waarschuwingssignalen; welke dat zijn is per persoon verschillend.

- Je hoofd is niet gemaakt om dingen in te bewaren – dat moet je dus ergens anders doen.

- Het scheelt veel stress als je inzetdoelen stelt in plaats van prestatiedoelen.

- Als je geen prioriteiten stelt, is alles een prioriteit.

- Soms zijn de belangrijkste dingen het minst urgent; soms zijn de meest urgente dingen eigenlijk onbelangrijk.

- De sleutels tot het aanleren van een gewoonte zijn een laag doel en externe beloningen.

- Voor een rustiger leven is een goede balans nodig tussen *doen* en *zijn*.

- Je concentreren is de belangrijkste vaardigheid voor het moderne werken. Alles tegelijk proberen te doen doet iedereen al.

- Werken is een marathon, geen sprint.

DANKWOORD

Dit boek was er niet geweest zonder de hulp van een groep bijzondere mensen die er hun kostbare tijd en aandacht in staken, of die me met een bijdrage of advies op weg hielpen.

Mijn dank gaat allereerst uit naar Joni Zwart, mijn literair agent. Zonder haar vakkundig advies en tomeloze inzet was het boek er niet geweest, dat weet ik zeker. Hetzelfde geldt voor Nienke van Zwam, de redacteur van het boek, die me van zorgvuldige en duidelijke feedback voorzag, en steunde wanneer het schrijven lastig was. Bij Uitgeverij Unieboek | Het Spectrum speelden verder Sladjana Labovic, Janne Colenbrander en Mirthe Wolters een belangrijke rol.

Voor het boek heb ik verschillende mensen geïnterviewd. Hun verhalen maken het boek levendig, en ik ben ze veel dank verschuldigd voor hun openheid. Ze staan onder een schuilnaam in het boek, maar ze weten zelf wie ze zijn.

Er is een aantal experts die me bij de research voor het boek hebben geholpen. Met dr. Wieke de Vente sprak ik over burn-out en zijn oorzaken. Samen met dr. Mark Spiering begeleidde ik een aantal studenten bij hun onderzoek naar het onderwerp. Dr. Nicole Oei controleerde of ik wetenschappelijke feiten over stress wel kloppend had beschreven, door op mijn verzoek waar nodig 'gelul!' of 'bullshit!' in de kantlijn te zetten.

Geen enkele publicatie is écht af als mijn moeder, Els Launspach, niet secuur door de tekst heen is gegaan. Het boek werd ook tegengelezen door Marieke Schipper, Lotte Verwaal, Sanna Kleijnjans, Aik Kramer, Joni Zwart en Rob Alphenaar, die elk vanuit hun eigen perspectief waardevolle suggesties gaven.

Samen met Bob Zijp zette ik de eerste stappen op het gebied van stress en burn-out. Het was in deze samenwerking dat een aantal van de ideeën uit het boek ontstaan zijn. Een aantal andere speerpunten (onder andere over plannen) heb ik geleerd van mijn mentor, Aik Kramer. Selma Keceli was zo gek om bij de research voor het boek (en daarna) als *personal assistant* op te treden. Ik wil de familie Launspach-Beumer bedanken voor het gebruik van het boshuis, en de meiden van Native voor de zorg, het advies en de koffie.

Last but not least: degene die misschien wel het stressbestendigst heeft moeten zijn tijdens het schrijven van het boek. Linde van Tienen maakte de toppen én de dalen mee van het hele schrijfproces. Zij kent het boek misschien het beste, want ze heeft in meerdere versies de tekst in zijn geheel hardop voorgelezen...

BRONNEN

Inleiding

CBS Statline (2018), *Psychosociale arbeidsbelasting (PSA)werknemers; geslacht en leeftijd.* statline.cbs.nl

TNO (2014), *Factsheet werkstress.* www.monitorarbeid.tno.nl/publicaties/factsheet-werkstress

Hoofdstuk 1 – De werkverslaving

Acton, A. (2017) *How to stop wasting 2.5 hours on email every day.* www.forbes.com

Chui, M., et al. (2012), *The social economy: Unlocking value and productivity through social technologies.* McKinsey Global Institute.

De Botton, A. (2010). *The pleasures and sorrows of work.* Emblem Editions.

Keynes, J. (1930). *Economic possibilities for our grandchildren.* Entropy Conservationists.

Kushlev, K. & Dunn, E. W. (2015). Checking email less frequently reduces stress. *Computers in human behavior, 43,* 220-228.

Morris, D. Z. (2017, 1 januari). New French law bars work email after hours. www.fortune.com

TNO & CBS (2013), *Nationale enquête arbeidsomstandigheden.* www.monitorarbeid.tno.nl/nea

TNO (2017), *Onbetaald overwerk in Nederland.* publications.tno.nl

Smith, A. P., Johal, S. S., Wadsworth, E. J. K., Davey Smith, G., Harvey, I. & Peters, T. (1998). The Bristol stress and health at work study: The questionnaire and results from the pilot study. *Occupational Health Review-London, 75,* 11-13.

Verhaeghe, P. (2015). *Autoriteit.* De Bezige Bij.

Hoofdstuk 2 – Altijd haast

Alexander, B. K., Beyerstein, B. L., Hadaway, P. F. & Coambs, R. B. (1981). Effect of early and later colony housing on oral ingestion of morphine in rats. *Pharmacology Biochemistry and Behavior, 15*(4), 571-576.

Asano, E. (2017). *Social media today: How much time do people spend on social media?* Socialmediatoday.com

Bakhuys Roozeboom, F., (2018, 16 maart). We zitten opgesloten in de wurggreep van WhatsApp. *NRC*.

Chernev, A., Böckenholt, U. & Goodman, J. (2015). Choice overload: A conceptual review and meta-analysis. *Journal of Consumer Psychology, 25*(2), 333-358.

Clayton, R. B., Leshner, G. & Almond, A. (2015). The extended iSelf: The impact of iPhone separation on cognition, emotion, and physiology. *Journal of Computer-Mediated Communication, 20*(2), 119-135.

Dijksterhuis, A. (2015). *Op naar geluk: De psychologie van een fijn leven*. Prometheus.

Ferriss, T. (presentator, 2018, 4 januari). How to handle information overwhelm #289 [Podcast]. *The Tim Ferriss Show*.

Godin, S. (2018). *The difference between time and money*. www.sethgodin.com

Kramer, A., Westermann, E. & Launspach, T. (2017). *Het Millennial Manifest: een nieuwe kijk op keuzestress, prestatiedruk en verbondenheid*. Valkhof Pers.

Rushkoff, D. (2013). *Present shock: When everything happens now*. Penguin.

Schwartz, B. (2004, januari). *The paradox of choice: Why more is less*. Ecco.

Schwartz, B., Ward, A., Monterosso, J., Lyubomirsky, S., White, K. & Lehman, D. R. (2002). Maximizing versus satisficing: Happiness is a matter of choice. *Journal of personality and social psychology, 83*(5), 1178.

Hoofdstuk 3 – Druk zijn is een keuze

Burka, J. B. & Yuen, L. M. (1983). *Procrastination: Why you do it and what to do about it*. Perseus Books.

Curran, T. & Hill, A. P. (2017). Perfectionism is increasing over time: A meta-analysis of birth cohort differences from 1989

to 2016. *Psychological Bulletin.*
Jellison, J. M. & Green, J. (1981). A self-presentation approach to the fundamental attribution error: The norm of internality. *Journal of personality and social psychology, 40*(4), 643.
Latané, B., Williams, K. & Harkins, S. (1979). Many hands make light the work: The causes and consequences of social loafing. *Journal of personality and social psychology, 37*(6), 822.
Ruggeri, A. (2018). The dangerous downside of perfectionism. *BBC Future*
Smith, M. M., Saklofske, D. H., Yan, G. & Sherry, S. B. (2017). Does perfectionism predict depression, anxiety, stress, and life satisfaction after controlling for neuroticism? *Journal of Individual Differences, 38,* 63-70.
Tracy, B. (2007). *Eat that frog!: 21 great ways to stop procrastinating and get more done in less time.* Berrett-Koehler Publishers.
Urban, T. (2013, 30 oktober). *Why procrastinators procrastinate.* www.waitbutwhy.com

Hoofdstuk 4 – Je baas is een beer

De Vente, W. (2011). *Sick and tired: Psychological and physiological aspects of work-related stress.* (proefschrift). Faculty of Social and Behavioural Sciences (FMG) en Faculty of Medicine (AMC-UvA), Amsterdam.
Disalvo, D. (2017). *How Breathing Calms Your Brain, And Other Science-Based Benefits Of Controlled Breathing.* Forbes Online.
Kalat, J. W. (2015). *Biological psychology.* Nelson Education.
McEwen, B. S. (2005). Stressed or stressed out: what is the difference? *Journal of Psychiatry and Neuroscience, 30*(5), 315.
Miller, T. W. (1989). *Stressful life events.* International Universities Press, Inc.
Palahniuk, C. (2005). *Fight Club: A novel.* WW Norton & Company.
Segerstrom, S. C. & Miller, G. E. (2004). Psychological stress and the human immune system: a meta-analytic study of 30 years of inquiry. *Psychological bulletin, 130*(4), 601.
Harvard Health Publishing (2018). *Understanding the stress response.* www.health.harvard.edu

Hoofdstuk 5 – Burn-out

De Wachter, D. (2012). *Borderline Times: Het einde van de normaliteit.* Lannoo.

Hofstede, B. (2016). *De herontdekking van het lichaam: Over de burn-out.* Cossee.

Keller, A., Litzelman, K., Wisk, L. E., Maddox, T., Cheng, E. R., Creswell, P. D. & Witt, W. P. (2012). Does the perception that stress affects health matter? The association with health and mortality. *Health Psychology, 31*(5), 677.

Launspach, T., Van der Deijl, M., Spiering, M., Heemskerk, M. M., Maas, E. N. & Marckelbach, D. (2016). Choice overload and the quarterlife phase: Do higher educated quarterlifers experience more stress? *Journal of psychological and educational research, 24*(2), 7.

Schaufeli, W. B., Leiter, M. P. & Maslach, C. (2009). Burnout: 35 years of research and practice. *Career development international, 14*(3), 204-220.

Segerstrom, S. C. & Miller, G. E. (2004). Psychological stress and the human immune system: A meta-analytic study of 30 years of inquiry. *Psychological bulletin, 130*(4), 601.

Wester, J. (2017). Kosten van burn-out bedragen 60.000 euro. *NRC.*

Hoofdstuk 6 – ALARM!

Brehm, J. W. & Cohen, A. R. (1962). *Explorations in cognitive dissonance.* John Wiley & Sons Inc.

MacDonald, G. & Leary, M. R. (2005). Why does social exclusion hurt? The relationship between social and physical pain. *Psychological bulletin, 131*(2), 202.

Pang, Alex Soojung-Kim. *Rest: Why You Get More Done When You Work Less.* Basic Books, 2016.

Peterson, J. B. (2018). *12 Rules for life: An antidote to chaos.* Random House.

Salmon, P. (2001). Effects of physical exercise on anxiety, depression, and sensitivity to stress: A unifying theory. *Clinical psychology review, 21*(1), 33-61.

Tuk, M. A., Trampe, D. & Warlop, L. (2011). Inhibitory spillover: Increased urination urgency facilitates impulse control in unrelated domains. *Psychological Science, 22*(5), 627-633.

Hoofdstuk 7 – Rust in je hoofd

Allen, D. (2015). *Getting things done: The art of stress-free productivity.* Penguin.

Covey, S. R. (1991). *The 7 habits of highly effective people.* Simon & Schuster.

Duhigg, C. (2012). *The power of habit: Why we do what we do in life and business.* Random House.

Pareto, V. (1906). *Manuale di economia politica* (Vol. 13). Societa Editrice.

Urban, T. (2018, 11 april). *How to pick a career (that actually suits you).* www.waitbutwhy.com

Hoofdstuk 8 – Werken met aandacht

Cirillo, F. (2006). The pomodoro technique (the pomodoro). *Agile Processes, 54*(2).

Kabat-Zinn, J. (2003). Mindfulness-based interventions in context: past, present, and future. *Clinical psychology: Science and practice, 10*(2), 144-156.

Kabat-Zinn, J. (2009). *Wherever you go, there you are: Mindfulness meditation in everyday life.* Hachette Books.

Keng, S. L., Smoski, M. J. & Robins, C. J. (2011). Effects of mindfulness on psychological health: A review of empirical studies. *Clinical psychology review, 31*(6), 1041-1056.

Newport, C. (2016). *Deep work: Rules for focused success in a distracted world.* Hachette Books.

Wilson, T. D., Reinhard, D. A., Westgate, E. C., Gilbert, D. T., Ellerbeck, N., Hahn, C., ... & Shaked, A. (2014). Just think: The challenges of the disengaged mind. *Science, 345*(6192), 75-77.

2030 BURN-OUTVRIJ – een manifest

Bunting, M. (2004). *Willing slaves: How the overwork culture is ruling our lives.* HarperCollins.